はじめに

今、世界で日本語を学ぶ小中学校の子どもの数は二〇〇万人を超えています。また、国内の公立学校では四万人以上の外国人児童生徒が日本語指導を必要としています。

これらの子どもたちが、日本語学習においてもっとも苦労しているのは漢字の習得であり、大変なエネルギーが要求されています。楽しく学習ができ、力がついていく漢字教材は、多くの学習者と日本語指導者が待ち望んでいるものだと思います。

公益社団法人国際日本語普及協会では、長年、難民の子どもたちや、公立小中学校やインターナショナルスクールに在籍する外国籍の子どもたちに日本語指導を行ってきた経験から、漢字習得のための多くのノウハウを蓄積してきました。それらのノウハウを基にして、『かんじ　だいすき』(一)〜(六)、『中学に向けて　かんじ　だいすき』国語・算数編／社会・理科編／練習帳　社会・理科編を作成してまいりました。

この度、小学校の配当漢字が、「平成二十九・三十年改訂　学習指導要領」（文部科学省）のもと、二〇二〇年度より変更となりました。これに合わせて、『改訂版　かんじだいすき(四)』を刊行いたします。

多くの日本語を学ぶ子どもたちや指導者の方々にとって一助となることを願っております。

令和二年四月

公益社団法人国際日本語普及協会

この漢字練習帳を使って指導してくださる方に

この漢字練習帳は、日本語を母語としない外国人の児童生徒が漢字を勉強するための入門教材です。この教材は小学校の四年生の配当漢字二〇二字を取り扱っています。先に出版した『かんじ　だいすき』シリーズの(一)(二)(三)に続くものです。『かんじ　だいすき(四)』では、小学校も後半になり、漢字の数が増え、意味内容も複雑になってきた点を考慮し、新たに次のような構成をとりました。

1　第一部「読み学習」と、第二部「書き学習」に分けました。

学校に入って学ぶ児童生徒にとって、漢字学習の目標は、教科書が読めて内容が理解できるようになること、学習した漢字を使って文が書けるようになることです。『かんじ　だいすき(四)』では、第一部「読み学習」と、第二部「書き学習」に分けました。学習目的に応じて「読み学習」、「書き学習」、両方学習するなど使い分けることができます。

2　読み替えを、わかりやすくしました。

『かんじ　だいすき』シリーズでは、音訓を同時に覚えることは、児童生徒にとって負担が大きいと考え、現在使われている教科書を参考に、理解しやすいと考えられる順に、音または訓のいずれかをまず提出しました。そして巻末で必要な読み替えをまとめて紹介する方針をとってきました。

『かんじ　だいすき(四)』ではよみかえを以下のようにページの下の欄に提出しました。

(例)

6課

読み練習

1. ぼくは　今週　給食当番です。
2. ご飯と　パンと　どちらが　好きですか。

食《た》べる
給食《ショク》

例えば、下段の「たべる」は(二)で学習した読み方で、「ショク」は読み替えとして(四)で学習するものです。訓読みはひらがなで、音読みはかたかなでルビを打ちました。

3　「ちょっと　ひと休み」のページを設け、仕事、乗り物などの漢字が絵を見ながら自然に覚えられるようにしました。

4　「いろいろな　読み方」のところに索引を設け、学習した漢字の場所がわかるようにしました。「読み替え漢字」もまとめて、これまでに学習した場所を明記しました。

5　学習者の習熟度を確認するために、巻末に四年に学習した漢字をまとめました。一年から三年までの配当漢字もまとめて冊子にしました。

その他の点については、次のように従来のシリーズの構成を踏襲しています。

1　二〇二字の漢字をグループ分けし、関連のあるものはまとめて覚えられるようにしました。一課から九課までは生活編、十課から十六課までは教科編となっています。

2　漢字の使い方がわかり、読解力がつくように、漢字一字ずつではなく、語彙単位で導入しました。（例　「給」ではなく、「給食」）

3　訳語がなくても、絵で漢字の意味がわかるようにし、視覚的にも楽しく覚えられるようにしました。

4　小学校の途中から編入しても、一年生の漢字からではなく、当該学年の漢字から始められるように、文章をやさしいものにしました。

5　漢字に関する知識を身に付けさせるために、『かんじ　だいすき(三)』から、部首のコーナーを設けています。

6　クイズやすごろくを入れて、楽しみながら学習できるようにしました。（すごろくから興味を持ち、漢字学習を続けた児童もいます。）

7　最後に、昔話『ねずみの　よめいり』を入れ、学習した漢字を含むまとまりのある物語を読むことで達成感を味わえるようにしました。

学習にあたって

各課の学習は、次の順序で進めると効果的です。

第一部「読み学習」

1　各課の扉にある「新しい漢字」で、漢字の意味と読み方を学習する。

2　次のページで、漢字の意味と読み方を確認する。

3　「読み練習」で、文脈の中で漢字を読む練習をする。

第二部「書き学習」

1　「書き方の勉強」で、漢字の画数、字形、書き順を見ながら、ますに書き、まとまった言葉や短い文を下段に書く。

2　「書き練習」で、文脈の中で漢字を書く練習をする。

＊効果的な使用事例＊

インドシナ難民への日本語教育を行ってきた大和定住促進センター（一九八〇．二～一九九八．三）では、家族に伴われて来日する子どもたちのために、児童クラスを設けていた。そこでは、子どもたちの日本語学習における負担をできるだけ軽減するために考えられた「四技能重ね塗り方式」(注)を基に漢字指導を行ってきた。意味理解と読みを先に進め、その後、これを追いかける形で書き指導を行った。多くのインドシナ難民児童が、入門段階でつまずくことなく、漢字学習に興味をもって積極的に取り組んでいった。本書でいうと「読み学習」を三課～四課先行させながら、「書き学習」を一課から進めていく方式である。

(注) 当時のカリキュラムの詳細は『日本定住児童の日本語教育―インドシナ難民児童の多様な言語背景と日本語習得』（関口明子）「日本語教育八十三号」（（社）日本語教育学会一九九四年）を参照されたい。

尚、『かんじ　だいすき』シリーズ(一)～(四)には、別売のカード教材がありますので、ご活用ください。

もくじ

［読み学習］（新出漢字は傍線が引いてあるもの）

教科編

【書き学習】

生活編

読み学習

一課《か》　生活（一）

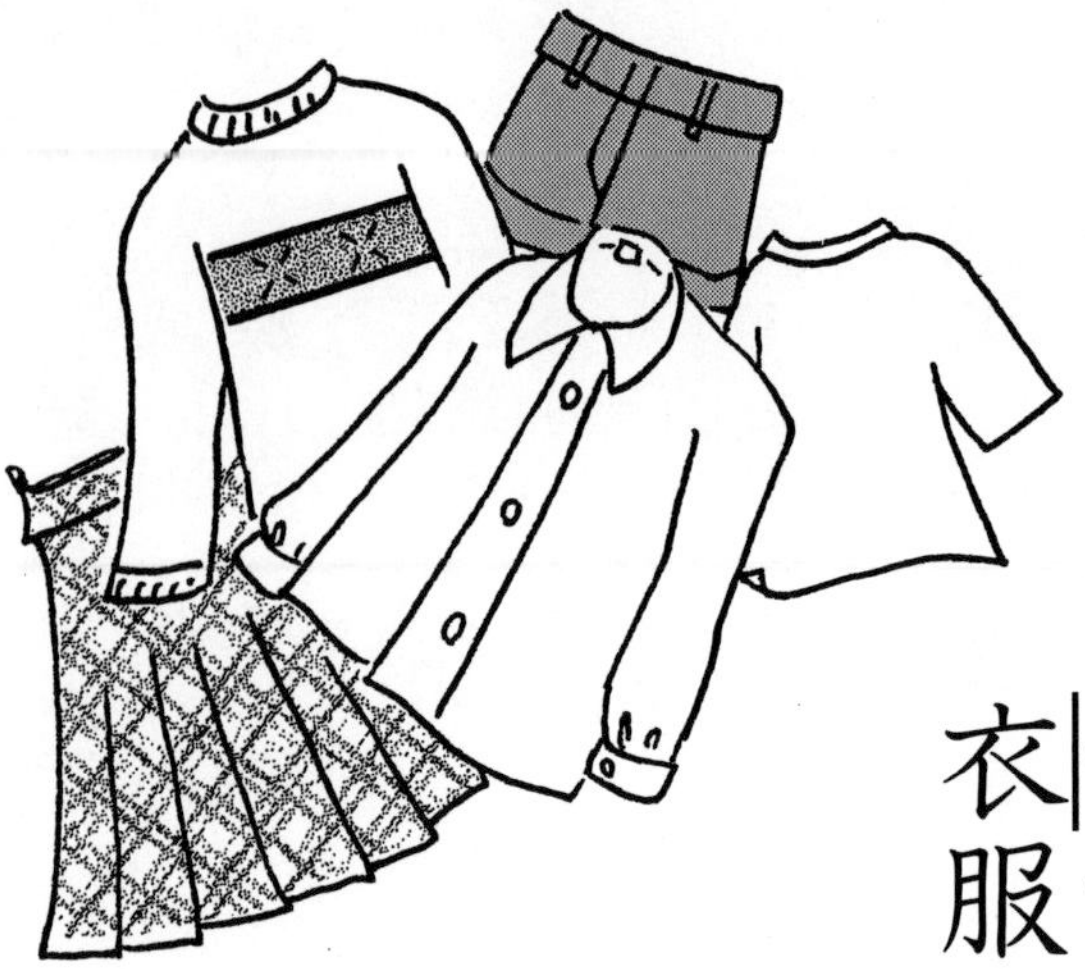

衣服《いふく》

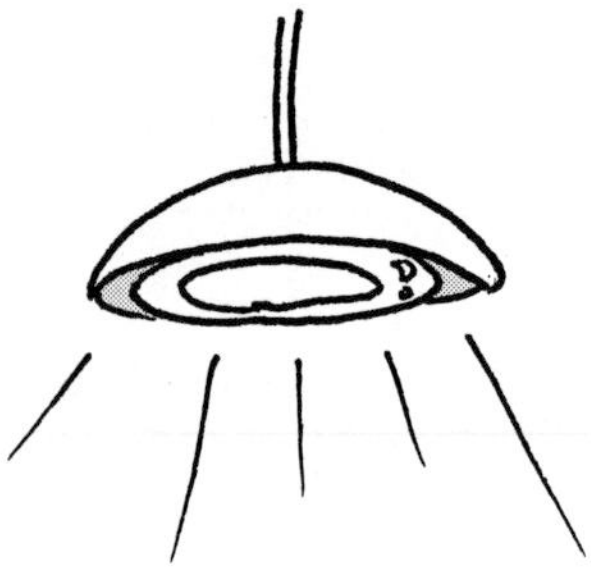

けい光灯《こうとう》

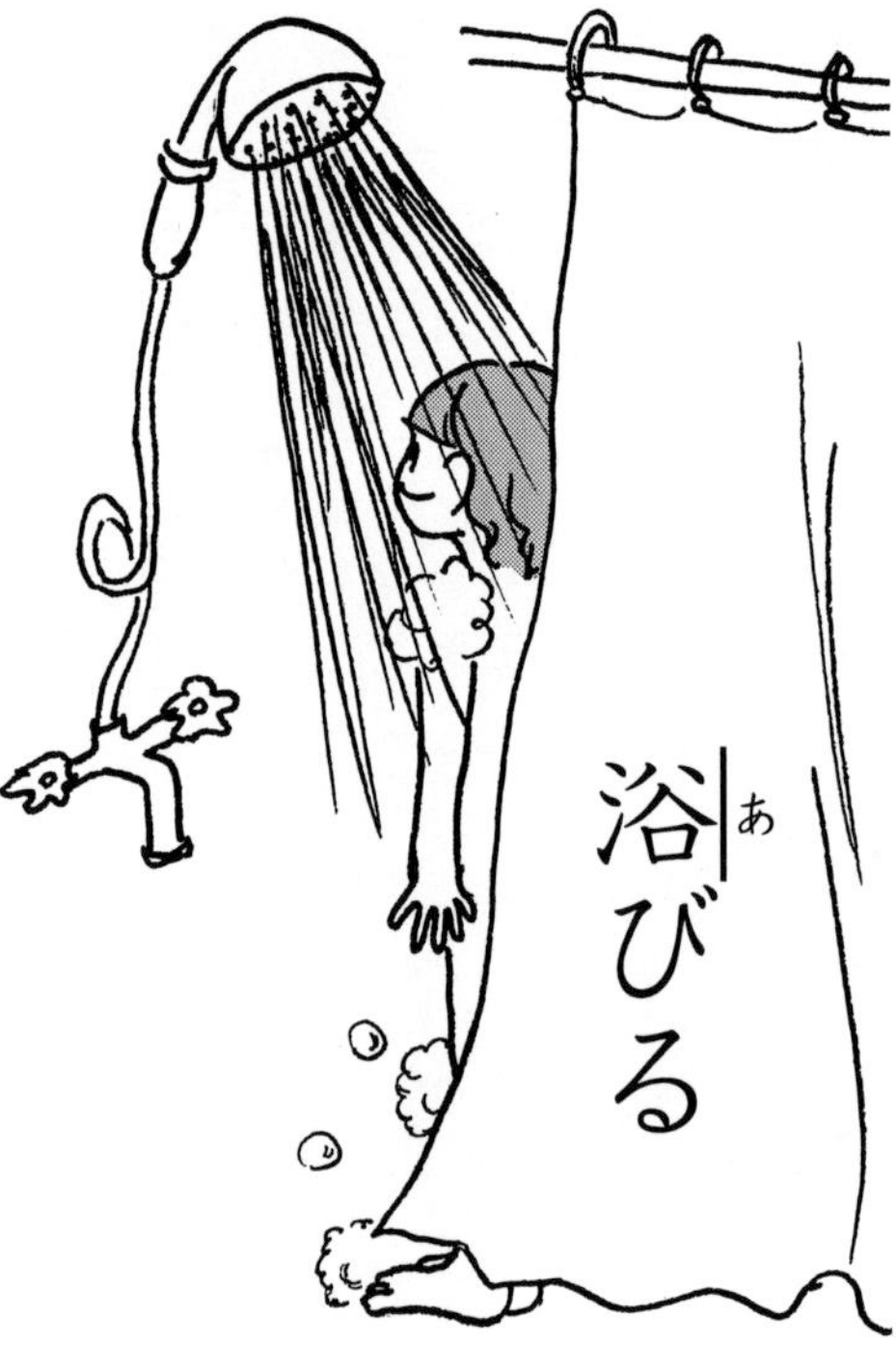

浴《あ》びる

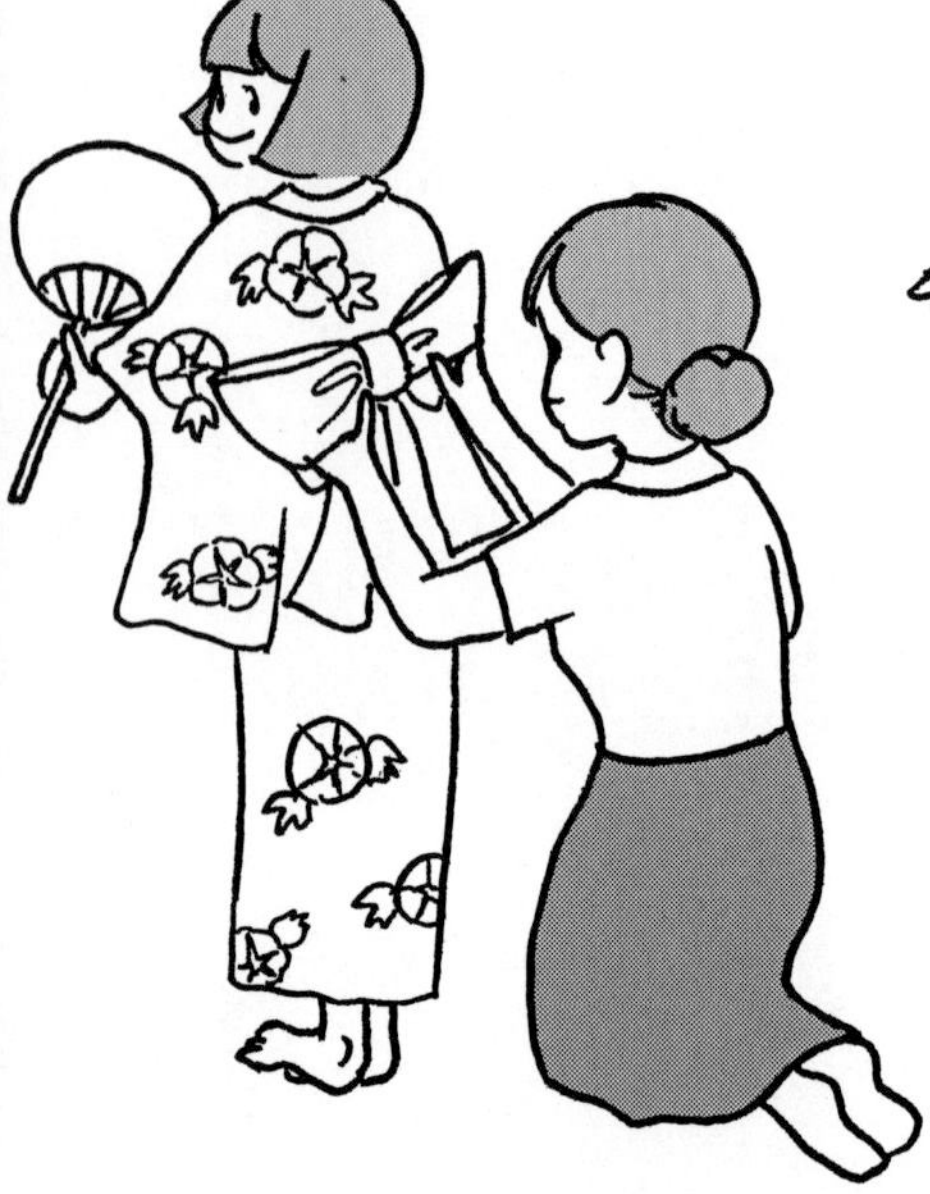

帯《おび》

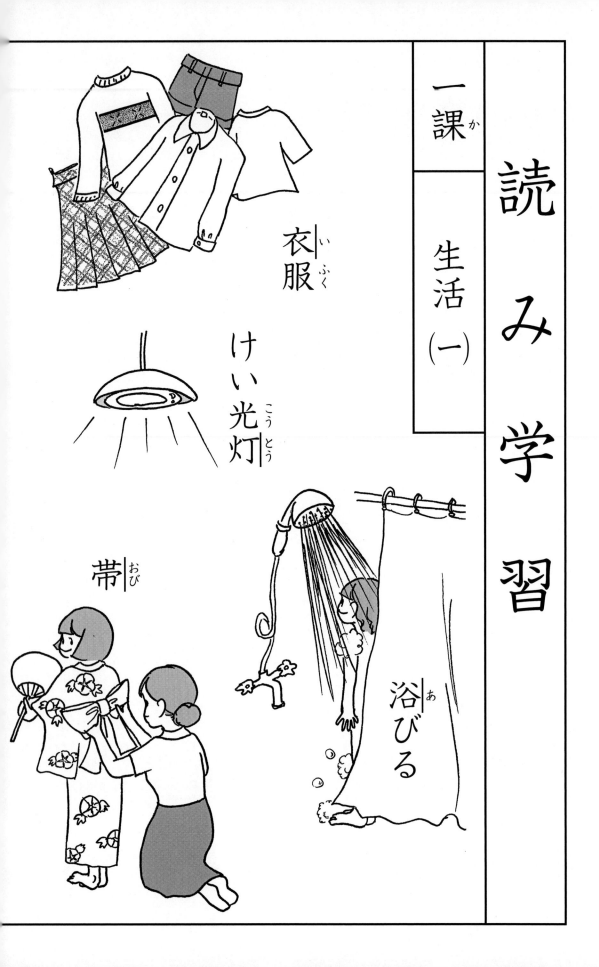

昨夜《さくや》（きのうの ばん）

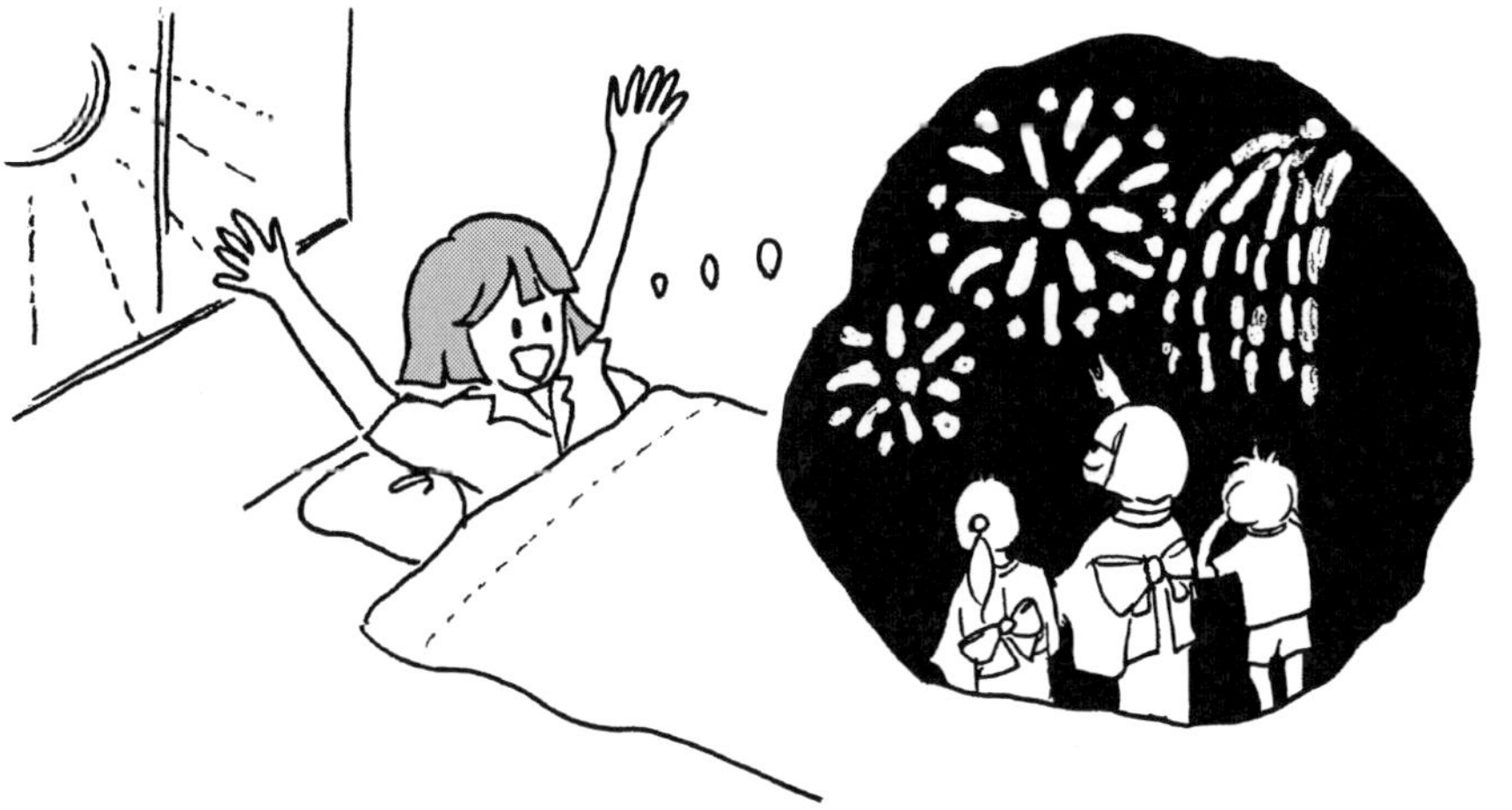

働《はたら》く

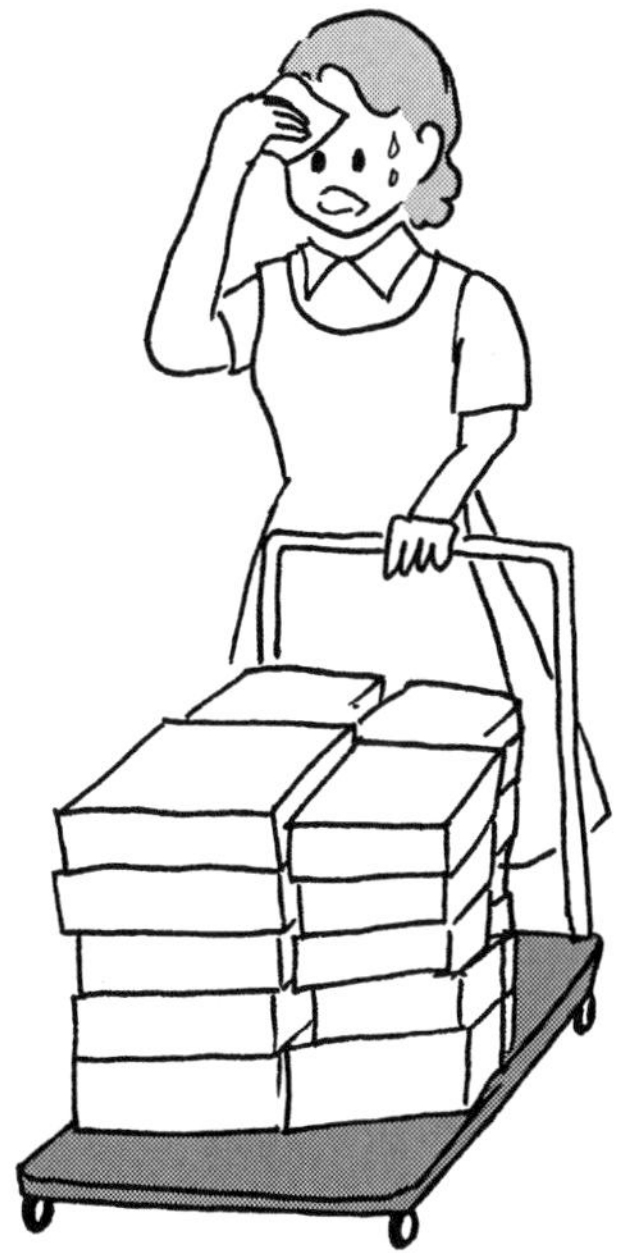

包《つつ》む

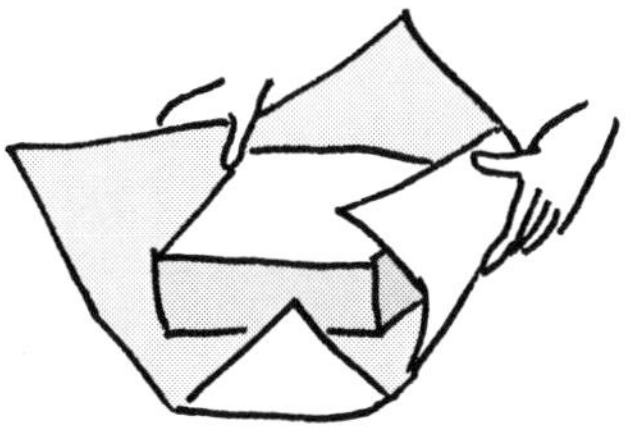

置《お》く

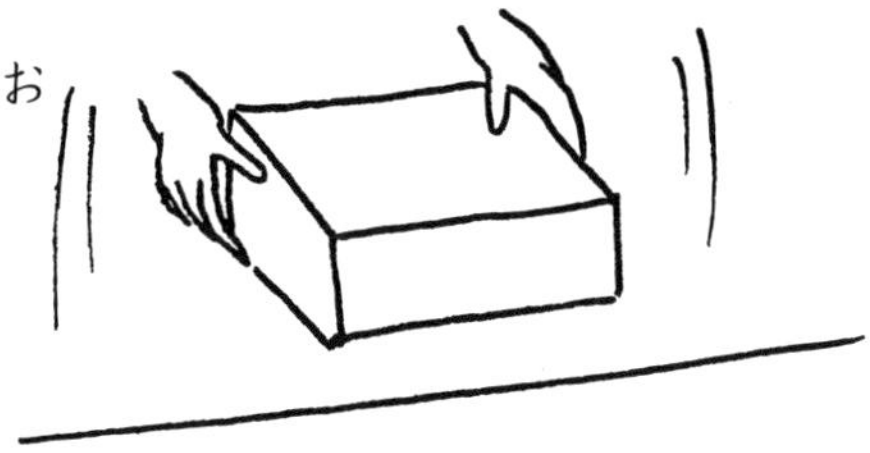

花束

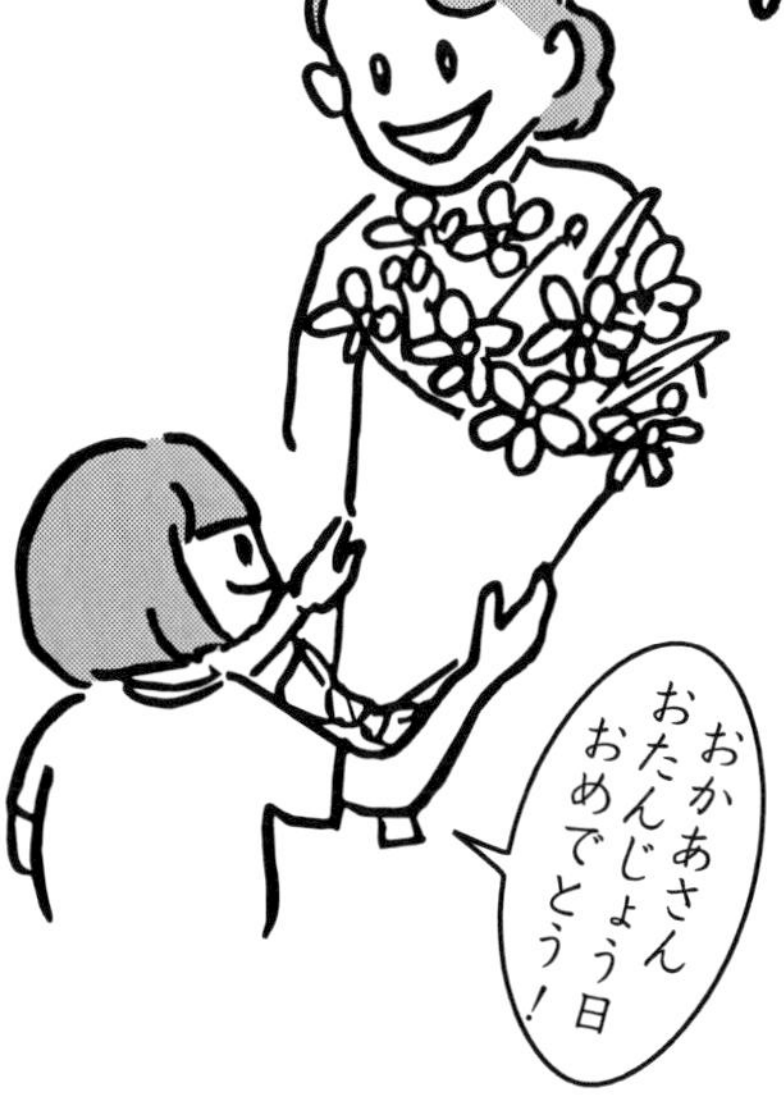
おかあさん
おたんじょう日
おめでとう！

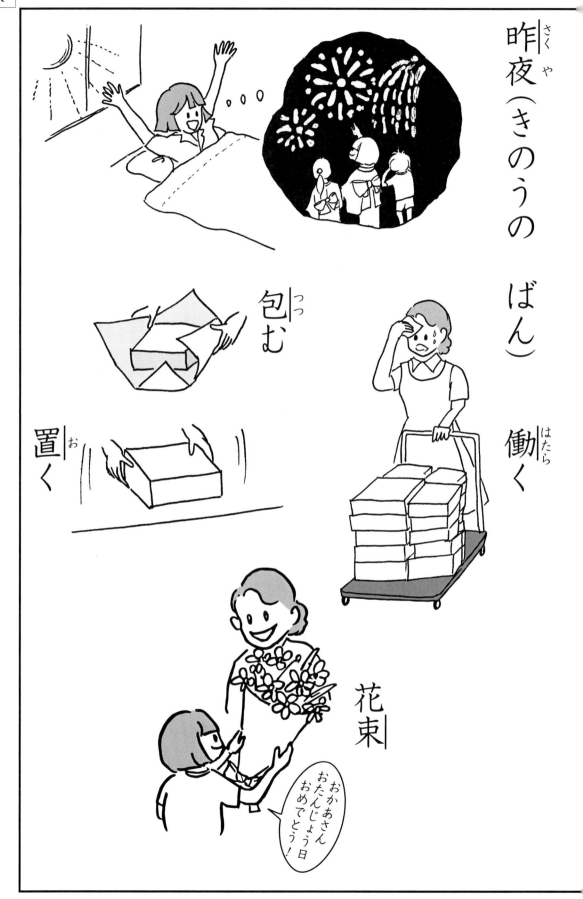

〔例〕

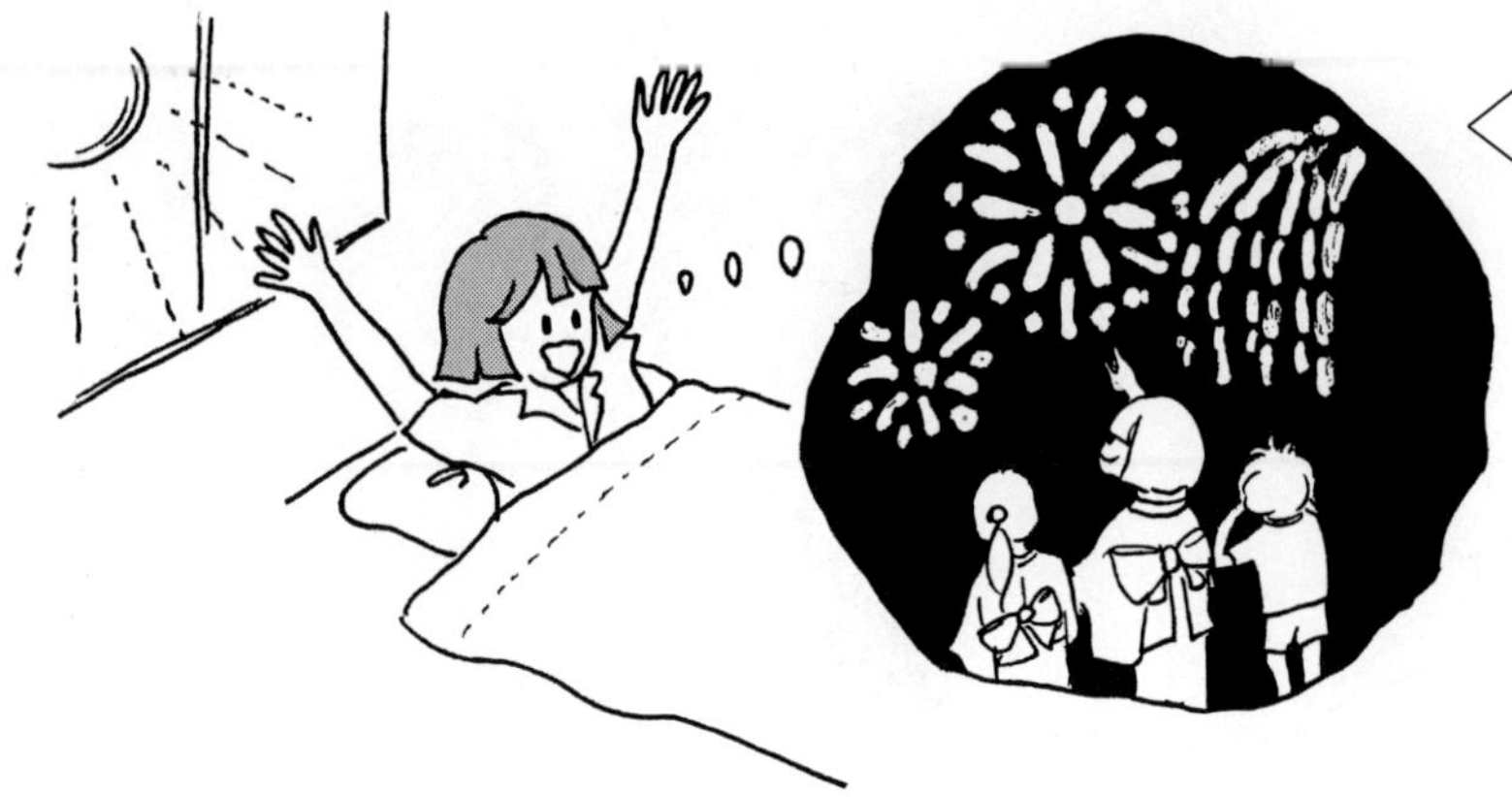

(　)去年
(◯)昨夜

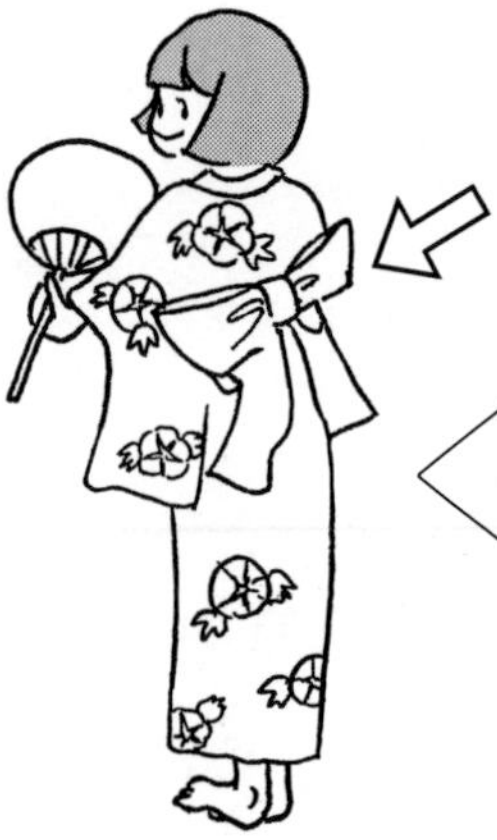

(　)帯
(　)夏

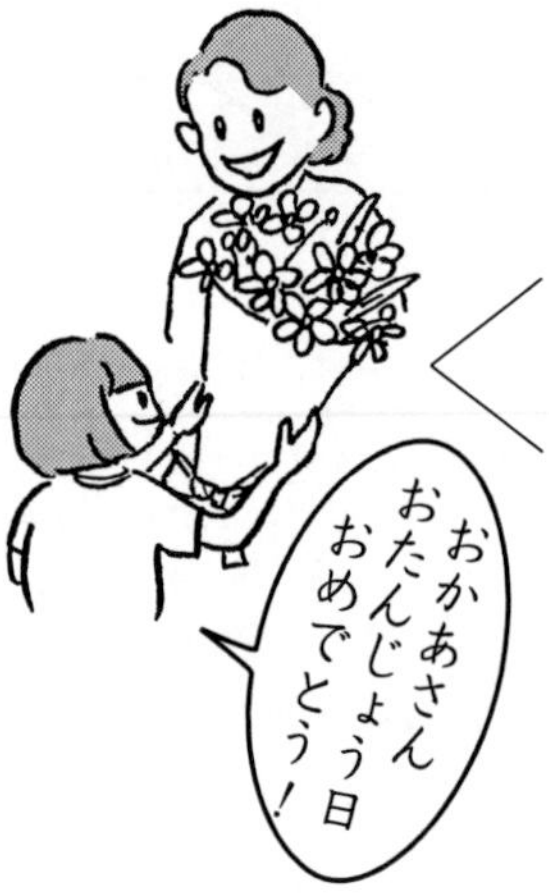
おかあさん
おたんじょう日
おめでとう！

(　)花束
(　)花屋

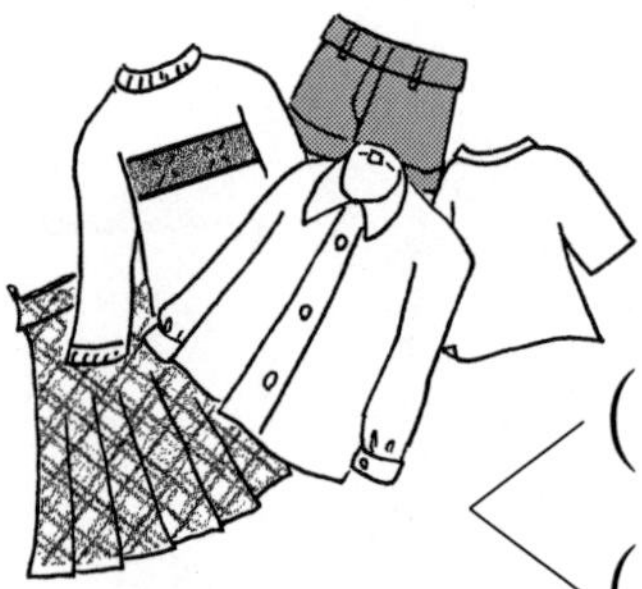

(　)道具
(　)衣服

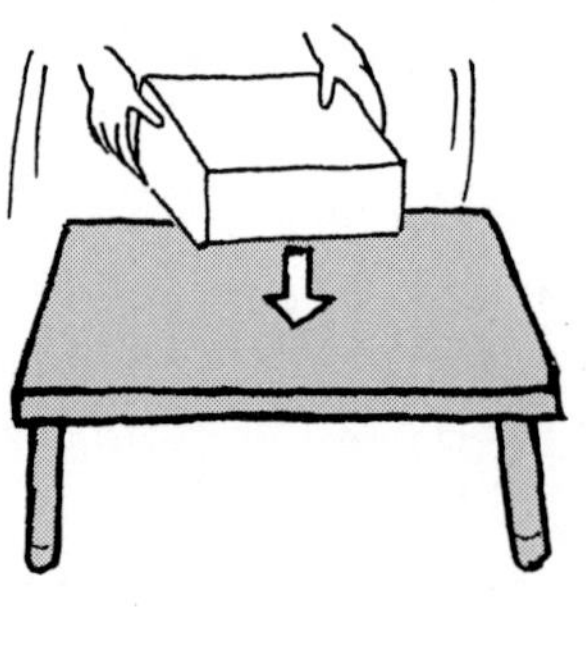

(　)登る
(　)置く

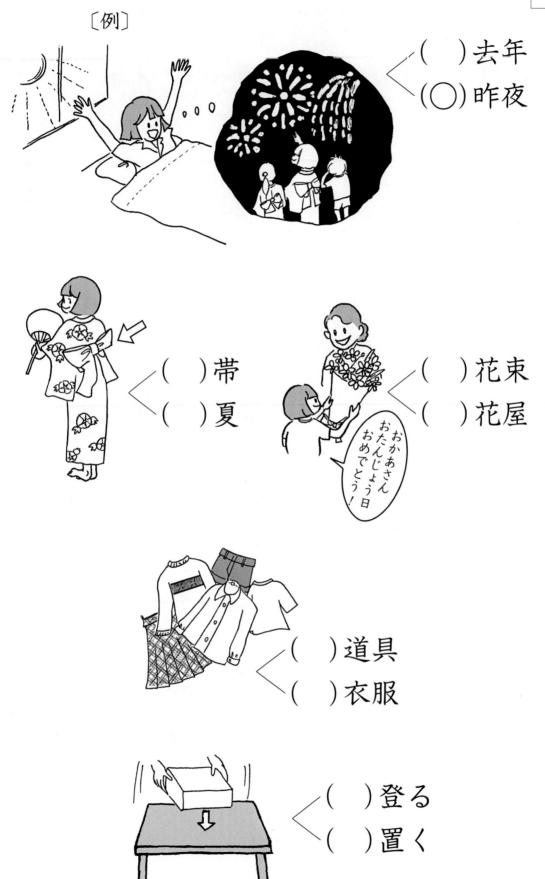

(　)浴びる
(　)泳ぐ

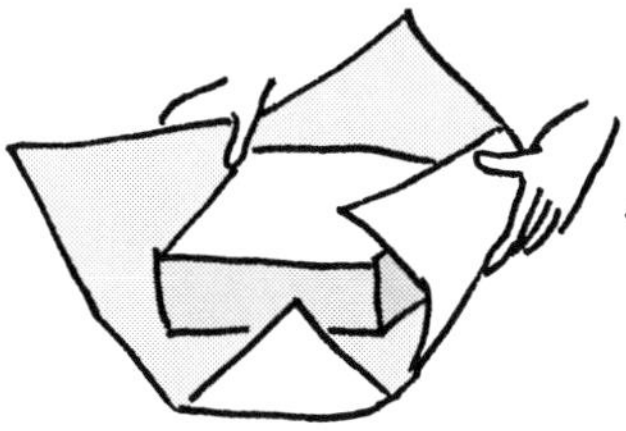

(　)包む
(　)持つ

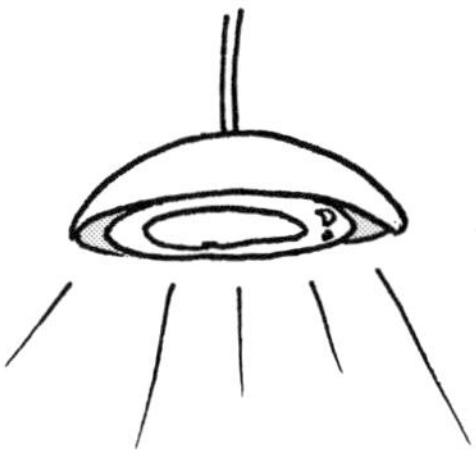

(　)けい光灯
(　)鉄なべ

(　)動く
(　)働く

【読み練習】

1. 昨夜は お月様が きれいでした。まん丸でした。
2. 動物園で ぞうが 鼻で じょうずに 水を 浴びていました。
3. お祭りに ゆかたを 着ました。おばあちゃんが 帯を むすんでくれました。
4. 衣服には 洋服と 和服が あって、和服を 着物と いいます。
5. ごみは あそこの 角に 置いてください。
6. 「あっ、けい光灯が 切れちゃった。」
7. 母の日に 花束を きれいに 包んで お母さんに あげました。

夜《よる》
昨夜《サクヤ》

荷物《もつ》
着物《もの》
動物《ブツ》

三角《カク》
角《かど》

光《ひか》る
けい光《コウ》灯

8．兄は　会社で　働いています。

部首（へん）（1）

「へん」は　漢字の　左側の　部分の　ことを　いいます。

「へん」の　名前

日（ひへん）　明　暗　昨

金（かねへん）　録　銀　鉄

二課《か》

生活(二)

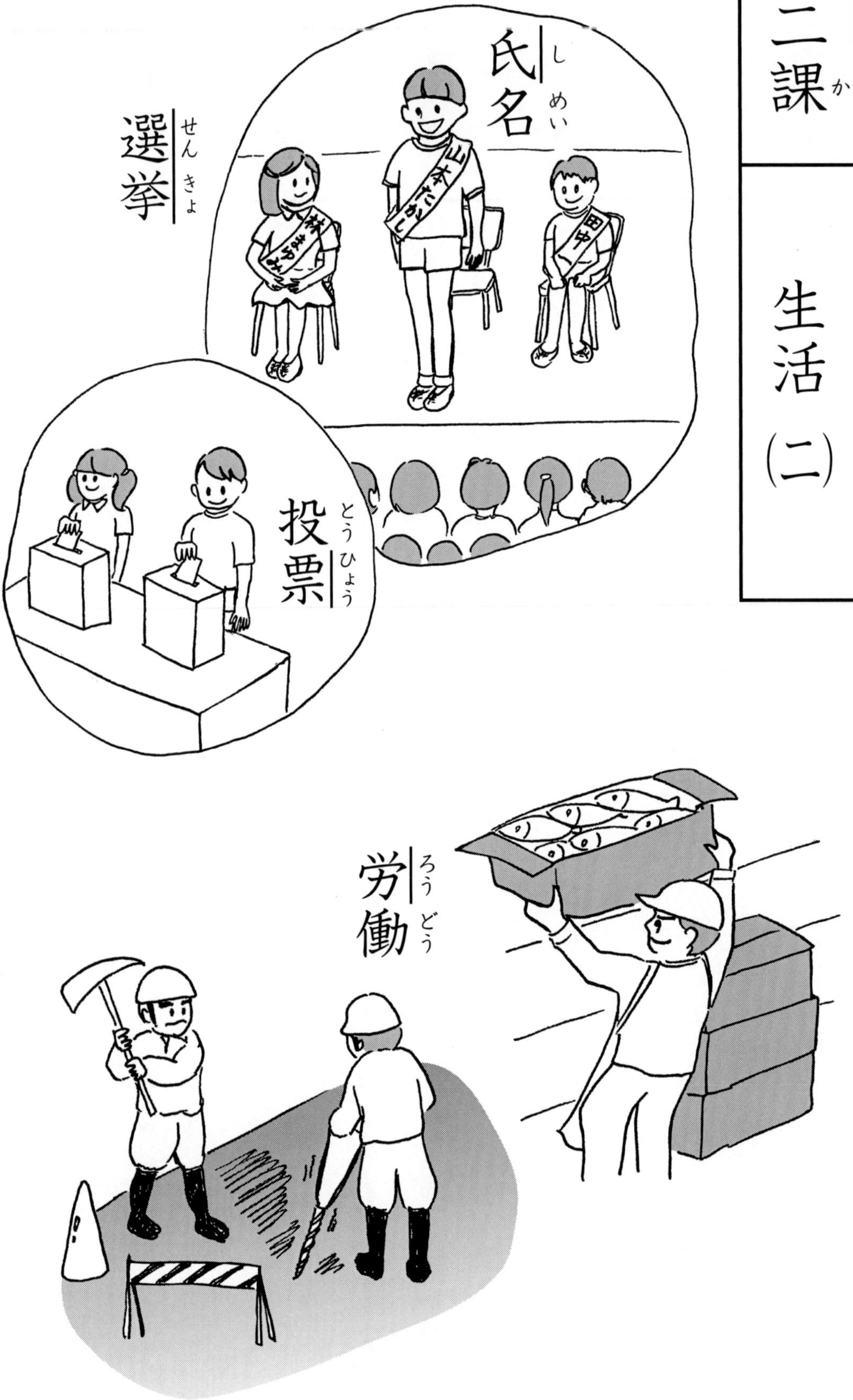

氏名《しめい》
選挙《せんきょ》
投票《とうひょう》
労働《ろうどう》

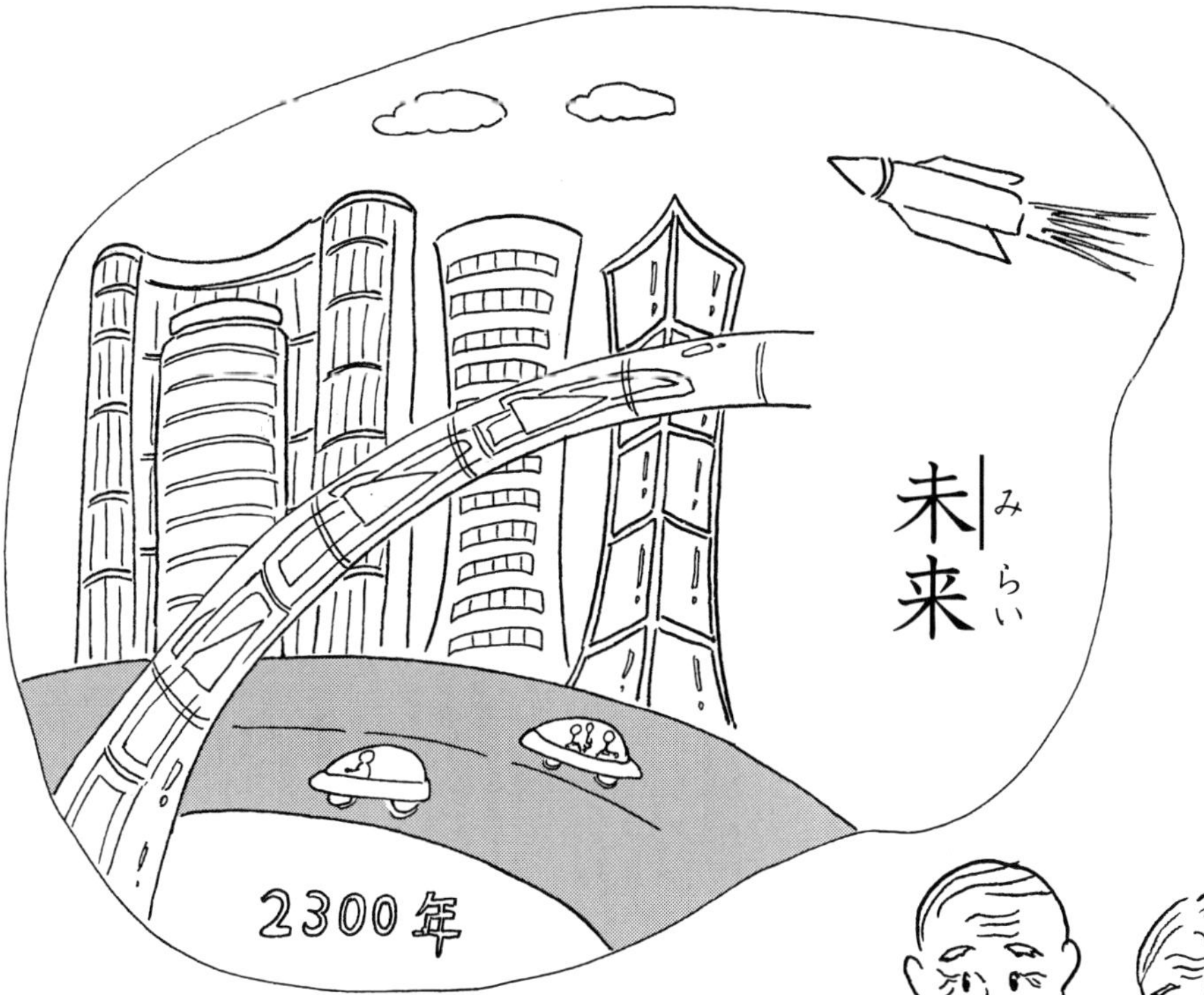
2300年

未来《みらい》

老人《ろうじん》

孫《まご》

ふろく
ともだち
3月号

ざっしの付録《ふろく》

はじめまして。
ジョンです。
はじめまして。
田中です。

初《はじ》めて会《あ》いました。

(　　)老人
(　　)お母さん

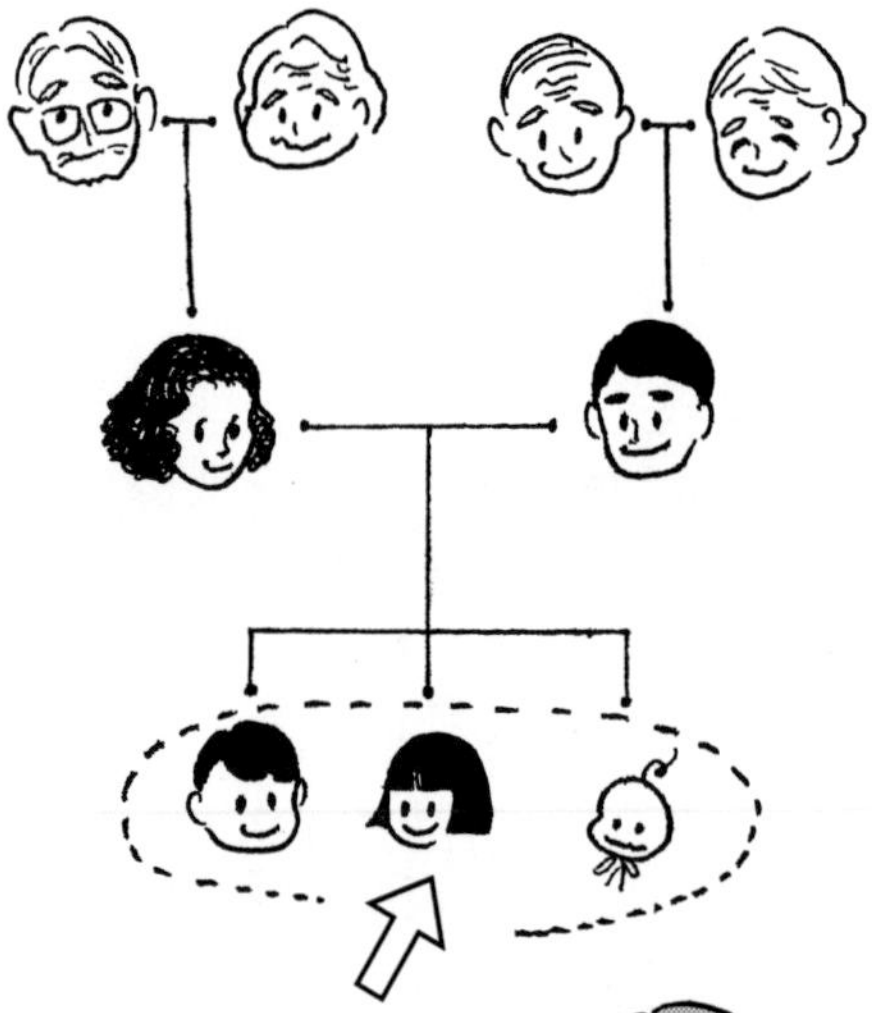

(　　)係
(　　)孫

(　　)緑色
(　　)付録

(　　)発表
(　　)投票

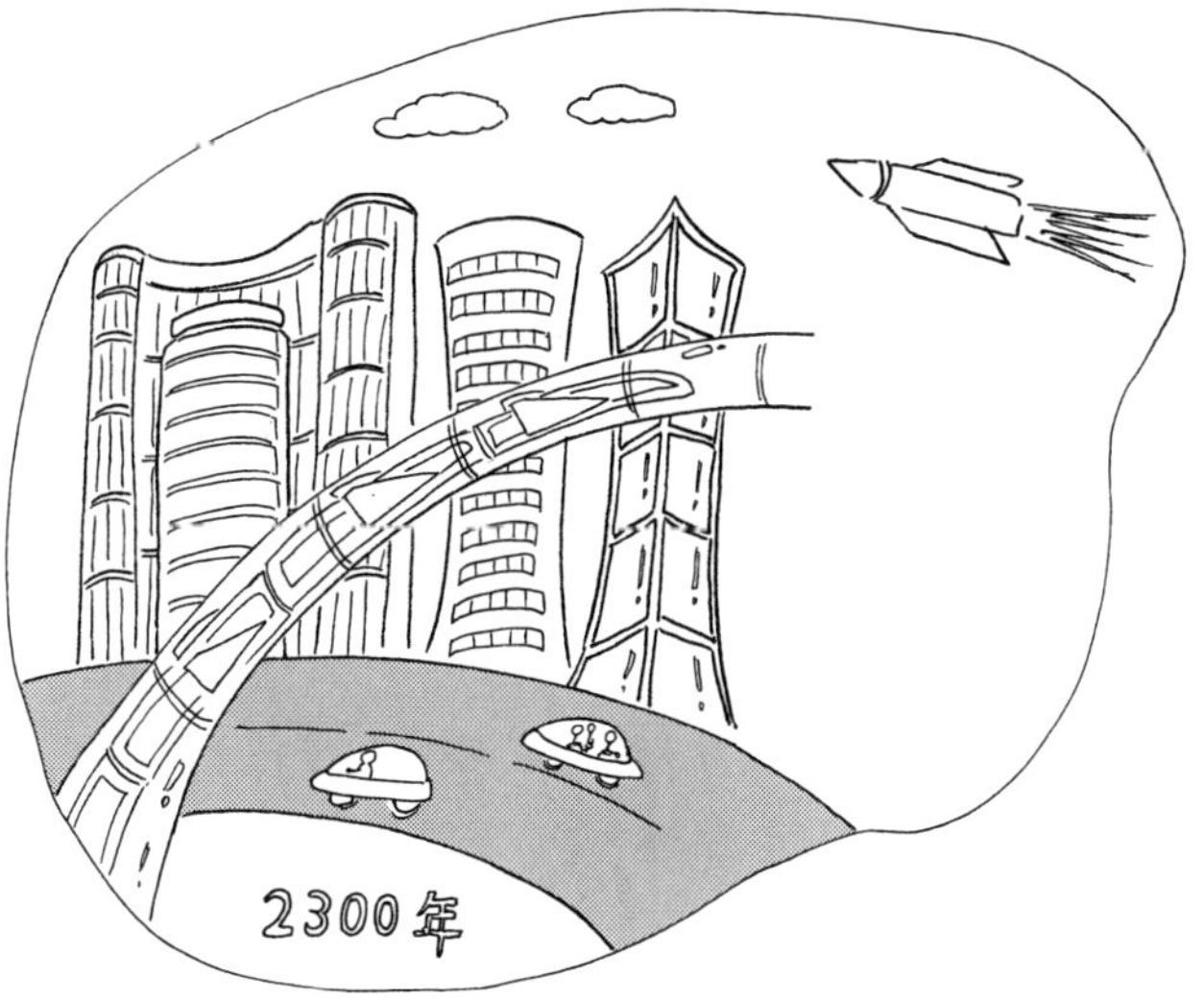
2300年

(　)未来
(　)来年

(　)労働
(　)運動

はじめまして。田中です。
はじめまして。ジョンです。

(　)初めて 会《あ》いました。
(　)票を 集めて 数えました。

①選挙
②住所
③氏名

・学級委員の [　　] を しました。
・[②] と [　　] を 書きました。

【読み練習】

1. 来月の　初めに　選挙が　あります。　日本では　二十才以上《いじょう》の　人は　投票に　行きます。
2. 五十年後《ご》の　未来は　どんな　世界に　なっているんだろう。
3. 「その　おもちゃ　いいね。どうしたの。」「ざっしの　付録だよ。」
4. おばあちゃんが　孫は　とても　かわいいと　言っています。
5. おじいちゃんや　おばあちゃんは　老人なの？　いくつから　老人って　いうのかな。
6. 体や　頭を　使って　働くことを　労働と　いいます。
7. 自転車には　住所氏名を　書いておきましょう。

投《な》げる
投《トウ》票

来《く》る
未来《ライ》

働《はたら》く
労働《ドウ》

クイズ（一）　漢字選《えら》び

柱　住　注

所

板　坂　返

事

投　拾　役

票

向　何　荷

物

遊　選　進

挙

温　港　漢

度

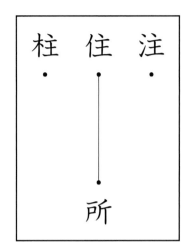

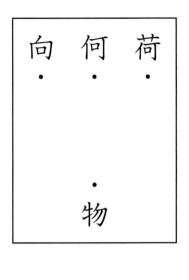

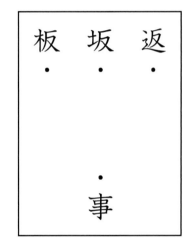

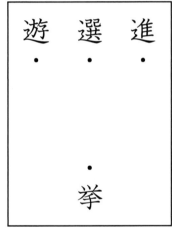

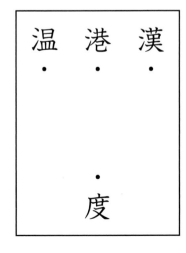

三課《か》

町のようす

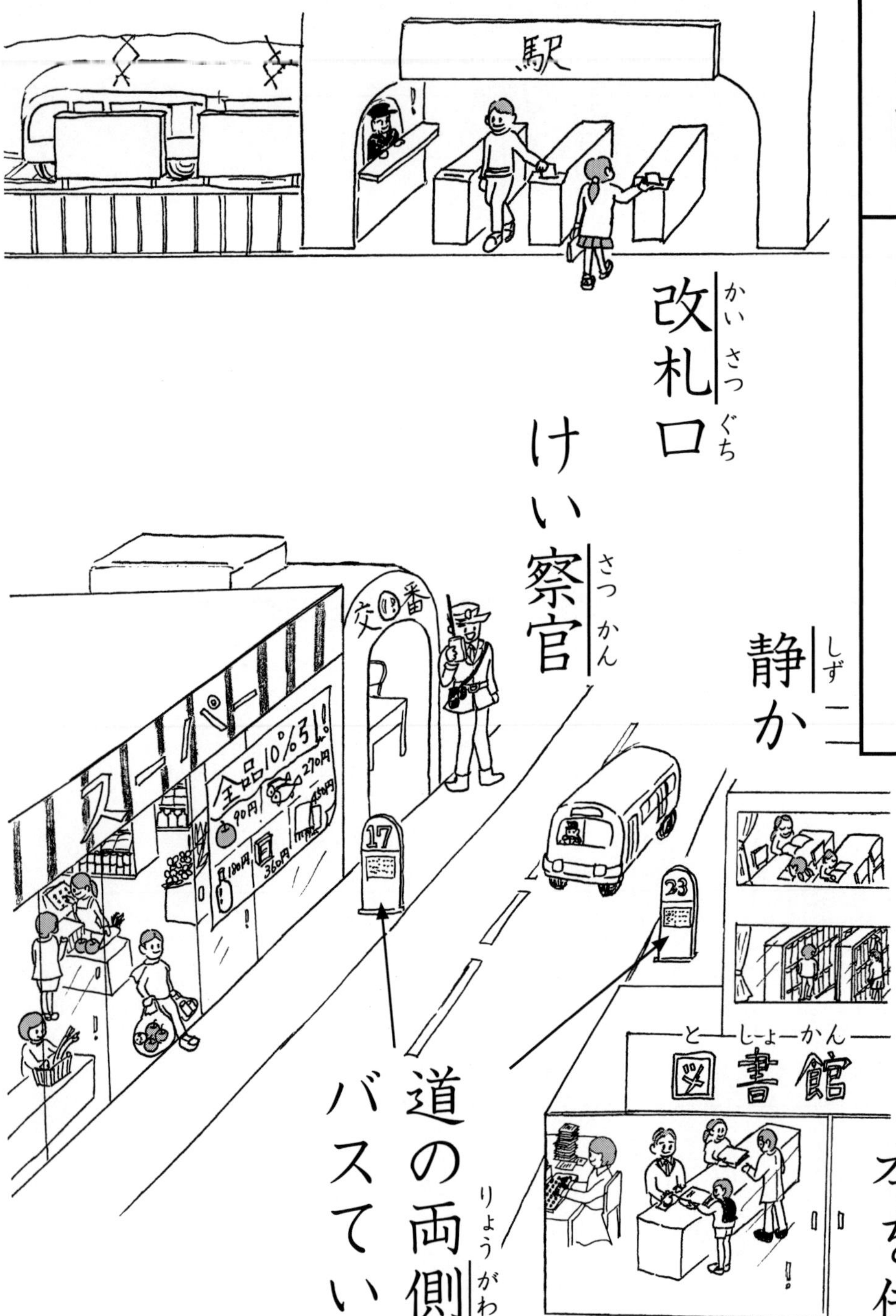
静《しず》か
改札口《かいさつぐち》
けい察官《さつかん》
本を借《か》りる
道の両側《りょうがわ》にバスていがある
駅
交番
スーパー
全品10%引!
17
23
図書館《としょかん》

家を建《た》てる

荷物を積《つ》む

倉庫《そうこ》

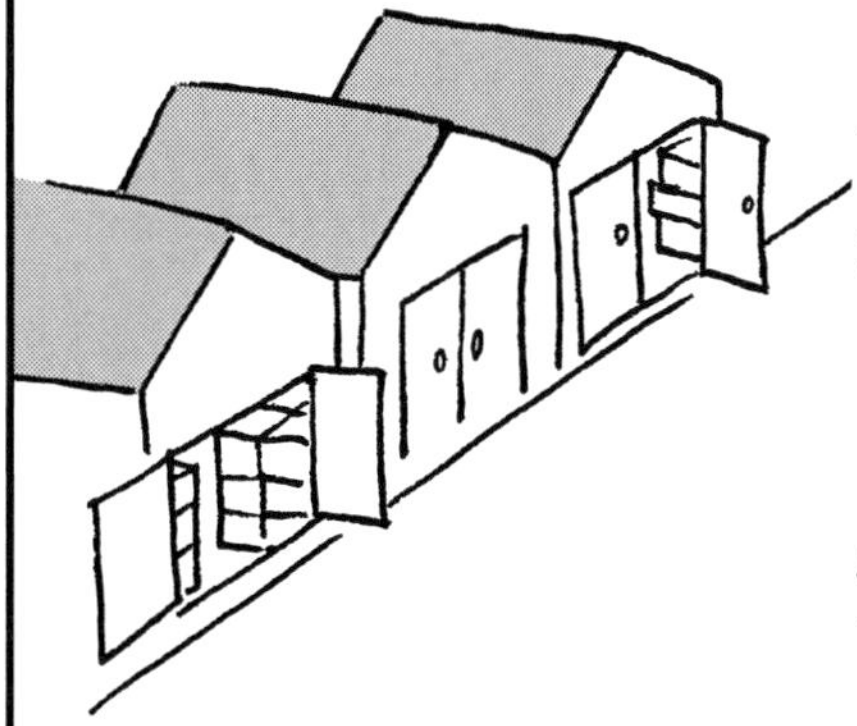

コンピュータは便利《べんり》です

不便《ふべん》です

駅の［　③　］を
通《とお》ります。

交番に［　　］が
います。

この町は［　　］
です。

道の［　　］に
バスていが　あります。

だいくさんは　家を
［　　］。

---

①けい察官　②建てます　③改札口
④両側　⑤静か

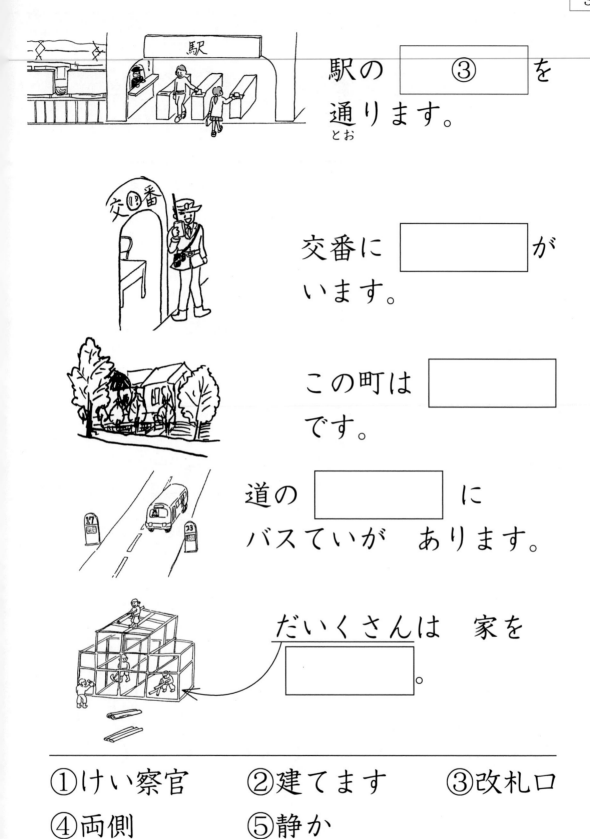

図書館で　本を
［②］。

コンピュータは
［　　］です。

コンピュータが　ないと
［　　］です。

［　　］から　荷物を
出して、トラックに
［　　］。

---

①積みます　②借ります　③不便
④便利　⑤倉庫

【読み練習】

1. 「ぼくの　うちの　前に　コンビニが　あるから　とても　便利だよ。」

2. 外国から　王様が　来るので、おおぜいの　けい察官が　道路の　両側を　守っています。

3. 海の　近くには　倉庫が　たくさん　あります。

4. 私の　町の　駅も　自動改札に　なりました。

駅の　人は　いません。

5. 「図書館で　アニメの　ビデオを　借りてきたんだ。

いっしょに　見ようよ。」

図《ズ》

図《ト》書

書《か》く

図書《ショ》

6. 雪が 積もると 町が 静かに なります。

7. ぼくの うちの 近くに 本屋が なくて 不便です。

8. うちの 前に 新しい 家が 建ちました。 どんな 子が 住むのかな。

新《あたら》しい
新《シン》聞

聞《き》く
新聞《ブン》

部首（へん）（2）

「へん」の 名前

禾（のぎへん） 利 積 秒

亻（にんべん） 付 借 働

四課《か》　気持ち

笑《わら》う

愛《あい》する

泣《な》く

願《ねが》う

希望《きぼう》
勇気《ゆうき》がない
勇気を出して!!
勇気《ゆうき》がある

(　　　)

(　　　)

①愛する
②笑う
③泣く

(　　　)

・体育の　時間に　プールで　泳ぎました。

□が　ある　子は　とびこみが　できますが、

わたしは　とびこみが　できません。

・あしたは　遠足です。お天気に　なるように

星に　□。

・未来に　□を　持って　がんばろう。

①希望　②勇気　③お願いしました

【読み練習】

1. ぼくの　弟は　けんかを　すると　すぐ　泣くんだよ。
2. よしこちゃんは　いつも　にこにこ　笑っています。かわいいな。
3. 「お父さん、お願いだから、自転車を　買って。」
4. こわかったけど、勇気を　出して　つり橋を　わたりました。
5. 「ぼくの　国は　ワールドカップで　勝てるかな。」「うん、勝つよ。ぼくは　希望を　すてないよ。」
6. わたしが　世界で　一番　愛している　人は　やっぱり　お母さんです。

クイズ（二）

（一）

（二）

（ア）

学級委員の選挙があります。投票に行きます。

（イ）

発表会で花束をもらってよろこんでいます。

（三）

（ウ）

友だちとまん画を読んで笑いました。

（四）

（五）

（オ）

体育館の倉庫にとび箱やマットがあります。

（エ）

毎日図書館で本を借ります。

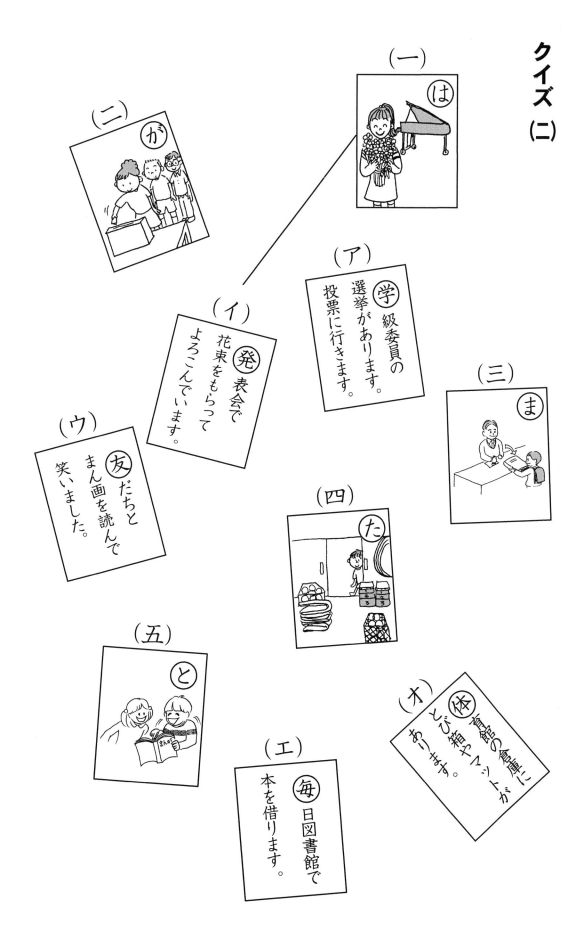

五課(か)　給食と健康

給食(きゅうしょく)

きらい

好き(す)

残さない(のこ)

残す(のこ)

栄養(えいよう)

血管(けっかん)

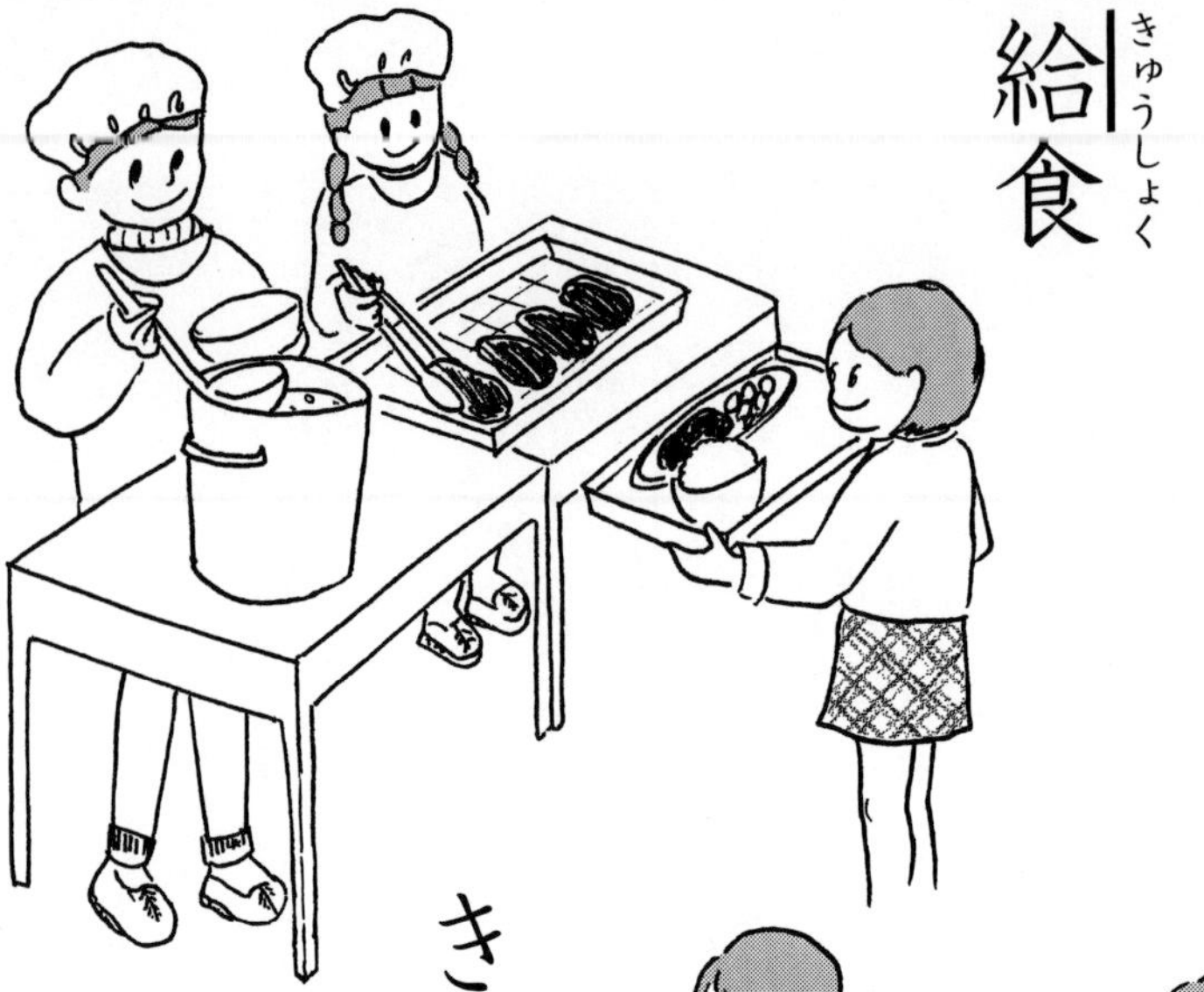

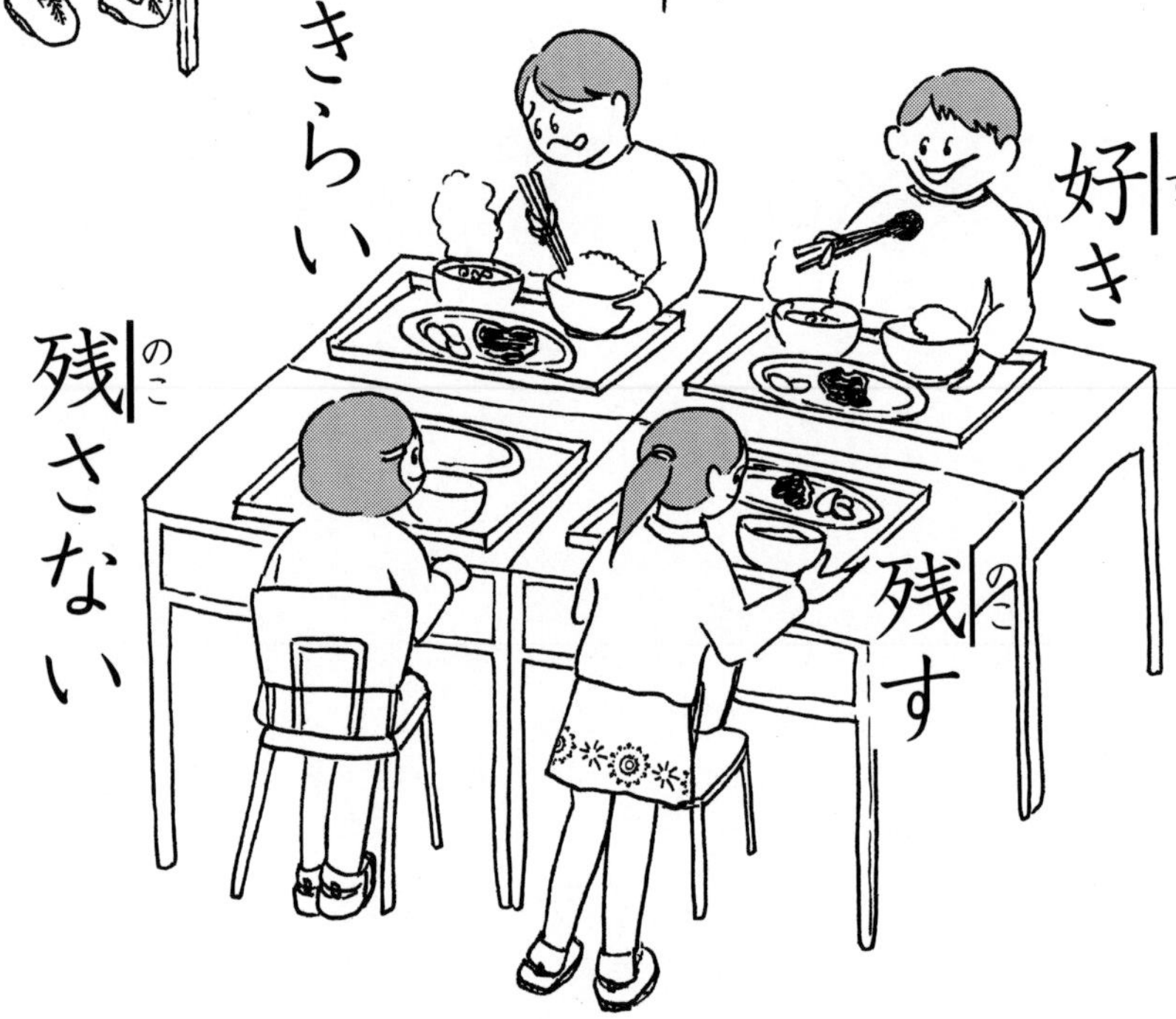

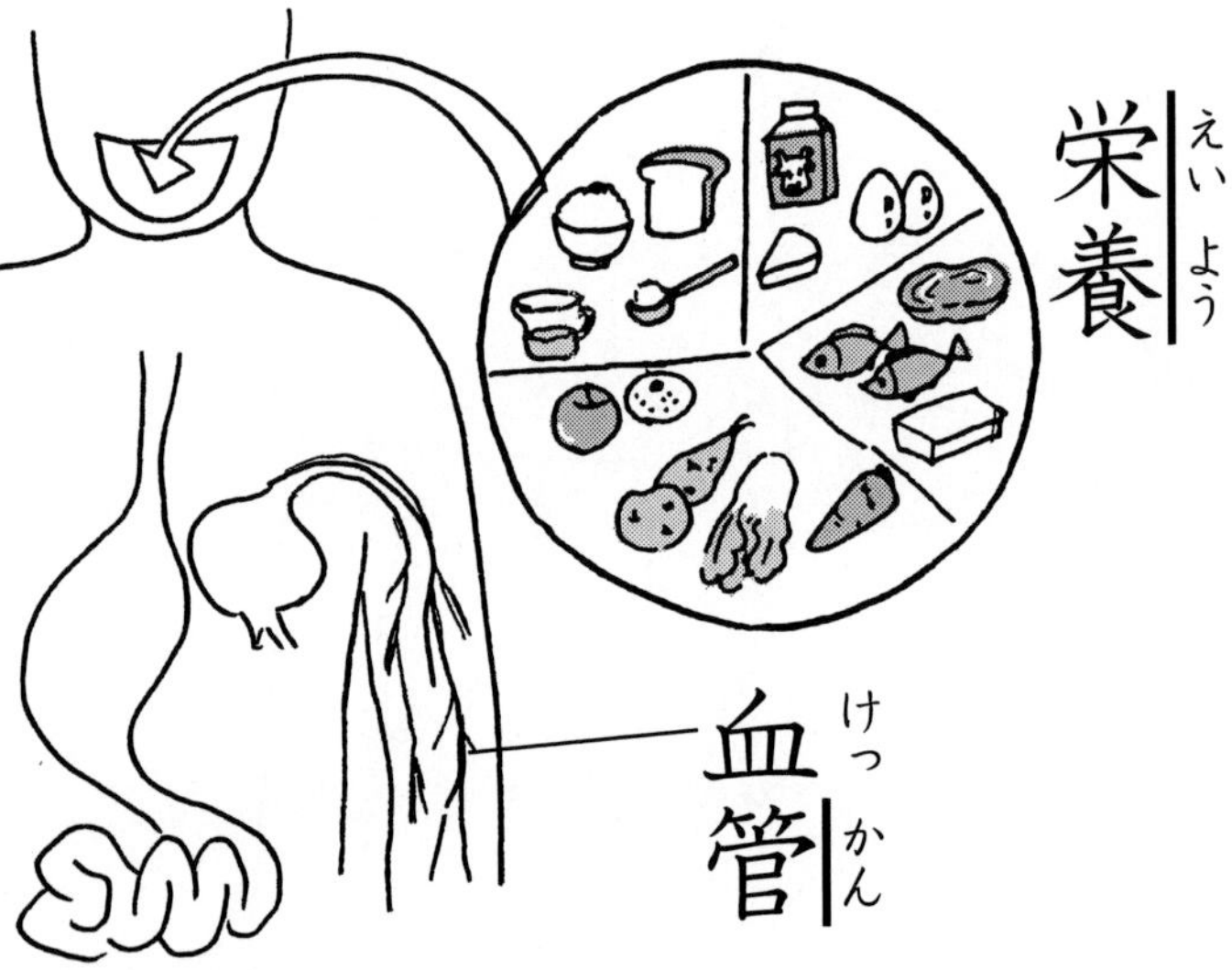

熱《ねつ》
健康《けんこう》
治《なお》る
焼《や》く
塩《しお》
野菜《やさい》
ご飯《はん》
材料《ざいりょう》

けん君は　病気になって　入院しました。
(　　)が　39度ありましたが、薬を　飲んで
病気が（③）。今は（　　）です。

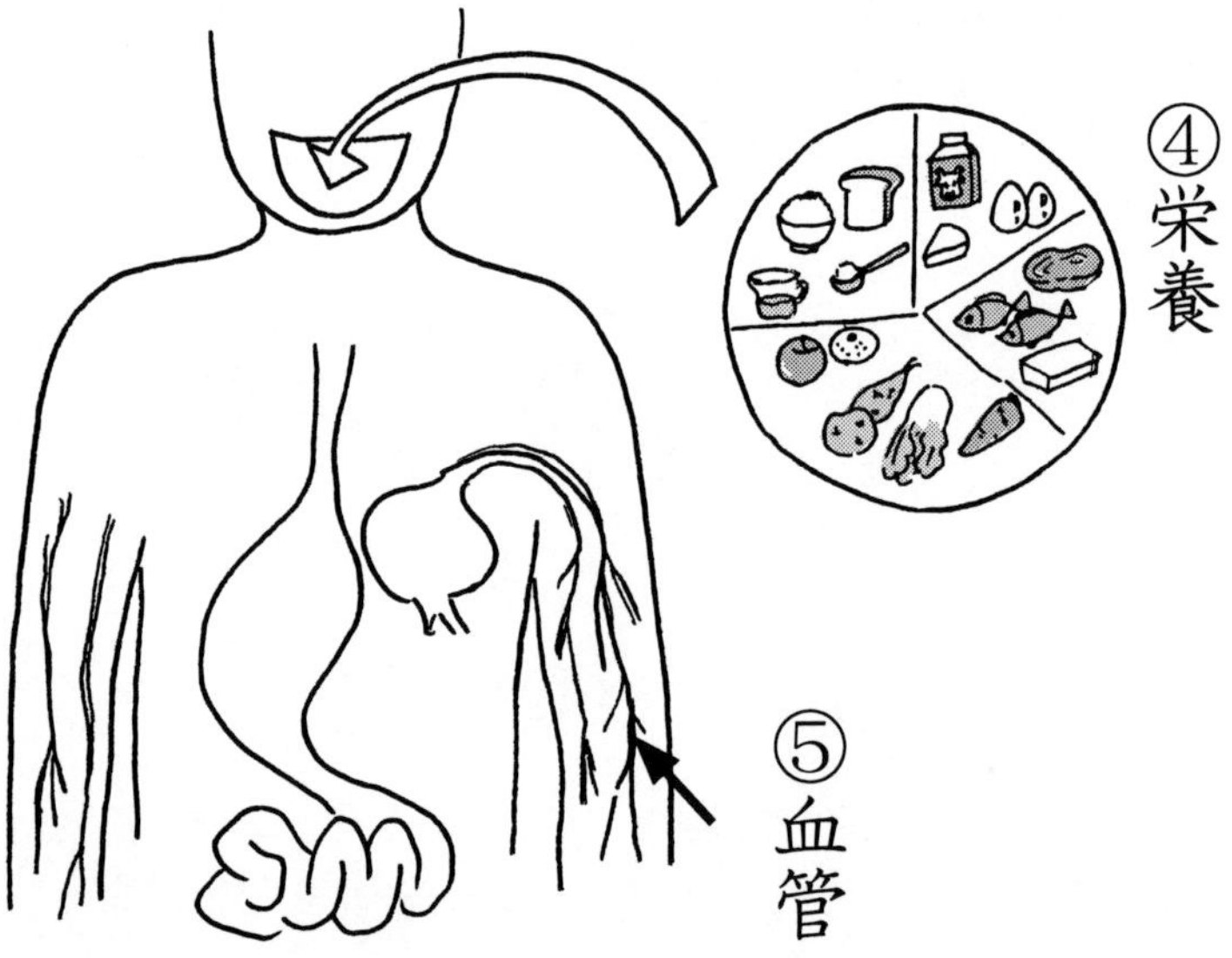

(　　)は（　　）を　体の　いろいろな
ところに　とどけます。

〔例〕

(　　)打つ
(◯)残す

(　　)焼く
(　　)飲む

(　　)ご飯
(　　)お酒

(　　)童話
(　　)給食

(　　)悲しい
(　　)好き

(　　)野菜
(　　)肉

(　　)油
(　　)塩

(　　)道具
(　　)材料

【読み練習】

1. お父さんも　お母さんも　元気です。健康です。
2. 熱が　三十八度　あるので、今日は　学校へ　行けません。
3. 早く　かぜが　治ると　いいなあ。学校へ　行きたいなあ。
4. 血管は　血や　栄養を　体の　いろいろな　ところに　送ります。
5. ご飯と　パンと　どちらが　好きですか。
6. カレーの　材料は　にんじん、玉ねぎ、じゃがいもなどの　野菜と　肉です。
7. 今日の　給食は　魚の　塩焼きです。残さないで　食べましょう。

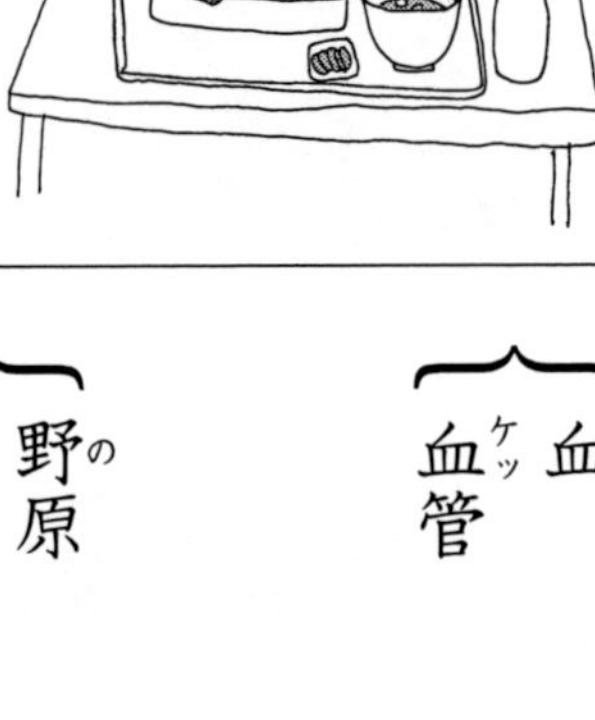

血《ち》
血《ケッ》管

野《の》原
野《ヤ》菜

食《た》べる
給食《ショク》

クイズ(三)

なぞなぞです。選《えら》んで　番号を　書きましょう。

1　子どもの　子ども、なあに　……………………………（　　）

2　シャツ、セーター、ズボン、スカートなど、なあに　…………（　　）

3　学校で　お昼に　いっしょに　食べるよ。なあに　…………（　　）

4　にんじん、玉ねぎ、じゃがいもなど、なあに　……………（　　）

5　駅に　あるよ。出たり、入ったり、するところ、なあに　……（　　）

6　八十さいの　おじいさん、七十さいの　おばあさんなど、なあに（　　）

7　おまわりさんの　ことだよ。なあに　………………………（　　）

8　さとうじゃないよ。しょっぱいよ。なあに　………………（　　）

① 給食	② 改札口	③ 塩	④ 孫	⑤ 衣服	⑥ けい察官	⑦ 野菜	⑧ 老人

六課《か》 行事《ぎょうじ》

卒《そつ》業式
別《わか》れ
特《とく》に好き
祝《いわ》う
合唱《がっしょう》に参加《さんか》する

(　)

(四)

(　)

(　)

(　)

(　)

(一) 入学式

(二) 開校記念日

(三) 合唱コンクール

(四) 運動会

(五) 学芸会

(六) 卒業式

＜運動会＞

世界の(　　)を　かざりました。一年生から　(　　)にならびました。先生の　(　　)に　合《あ》わせて　行進《こうしん》しました。

＜合唱コンクール＞

どのクラスも　すばらしかったです。(　　)　三年二組がよかったです。　1位になりました。　みんなで(６)しました。

＜卒業式＞

六年生との　(　　)の　日です。

1. 別れ
2. 号令
3. 順番
4. 旗
5. 特に
6. お祝い

【読み練習】

1. 開校記念日なので　お祝いに　赤と　白の　おまんじゅうを　もらいました。
2. わたしの　学校は　合唱コンクールに　参加して、一番に　なりました。
3. 運動会で　世界の　国の　旗を　かざりました。
4. 卒業式で　五年生が　お別れの　ことばを　言いました。
5. 今度の　学芸会は　一年生から　順番に　げきを　します。
6. キャンプに　行った　とき、五年生の　号令で　ラジオ体そうを　しました。
7. リレーに　出る　人は　みんな　足が　速いです。特に　ビル君が　速いです。

開《あ》ける　開《カイ》校

合《あ》う　合《ガッ》唱

七課《か》

放課後

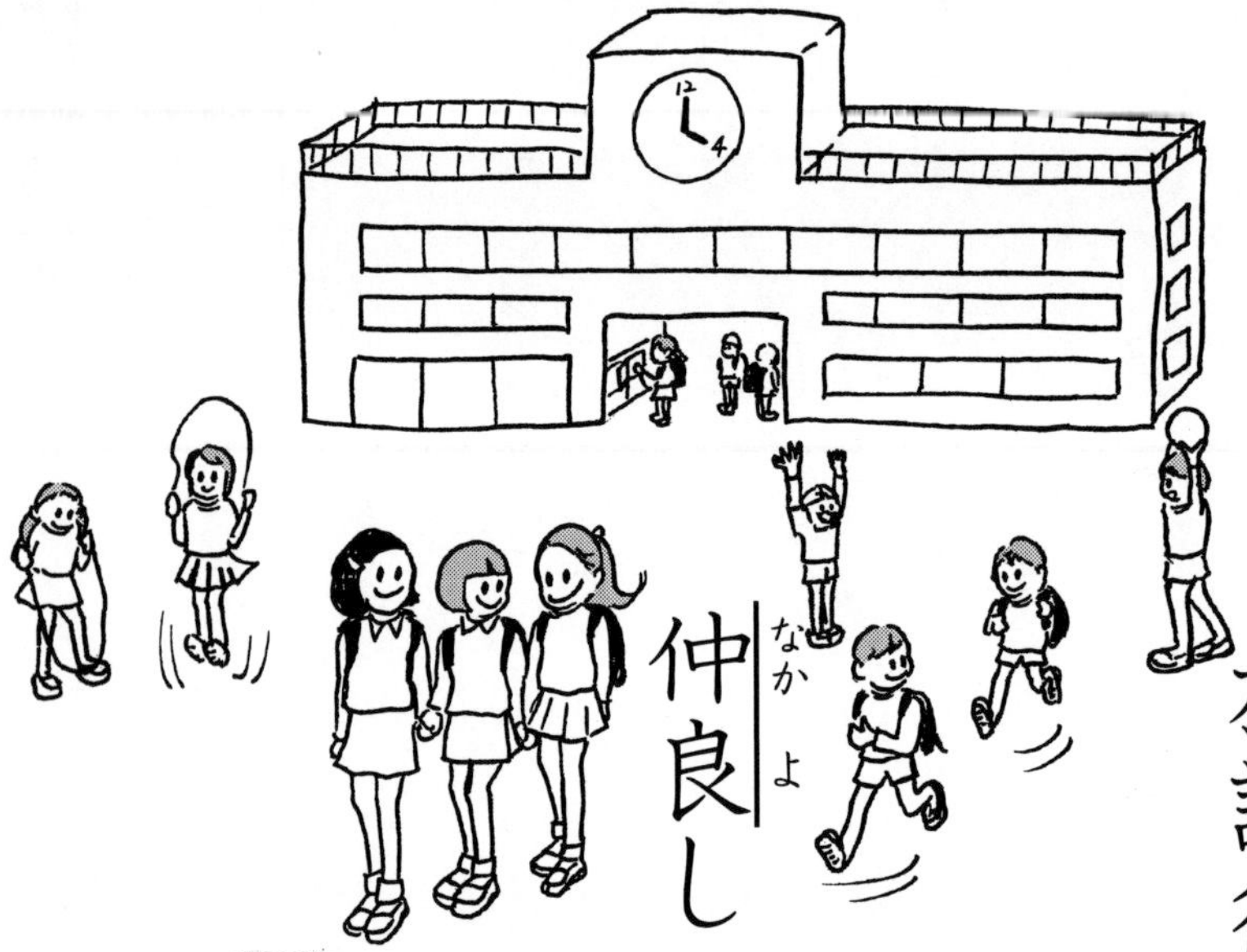

放《ほう》課《か》後《ご》

仲《なか》良《よ》し

約《やく》束《そく》を
必《かなら》ず　守る

一《いち》輪《りん》車《しゃ》

道《どう》徳《とく》の
時間

出席《しゅっせき》⇔欠席《けっせき》
先生
生徒《せいと》
山本君
かぜはどうですか。
早く元気になって。
きょうの宿題は
算数のプリント
です。
きょうの宿題は
算数のプリント
だよ。
連《れん》らく帳《ちょう》
伝《つた》える
会長が
司会《しかい》を する
副《ふく》会長
児童会《じどうかい》

④ 仲良し

① 放課後

勉強が　終わりました。（ ① ）、校庭で　なわとびを　したり　ドッジボールを　したり　します。

トム君と　田中君は（　　）です。今日　いっしょに（　　）に　乗って　遊ぶ（　　）を　しました。（　　）の　時間に　習ったことを　忘れないで、約束を（　　）守ります。

③ 約束

⑤ 一輪車

⑥ 道徳の　時間

② 必ず　約束を　守る

先生は　毎朝　出席を　とります。（　　）は　名前を　よばれたら　返事を　します。今日は　山本君が　（　　）です。先生は　山本君の（　　）に　今日の　宿題を　書きました。田中君は　山本君に（ ③ ）。

①
連らく帳

②
生徒

先生

出席
⇕
④
欠席

③
伝えました

今日は　（　　）でした。（ ⑨ ）と　（　　）が　（　　）をしました。みんなで　いろいろな　ことを　話し合いました。

⑦
児童会

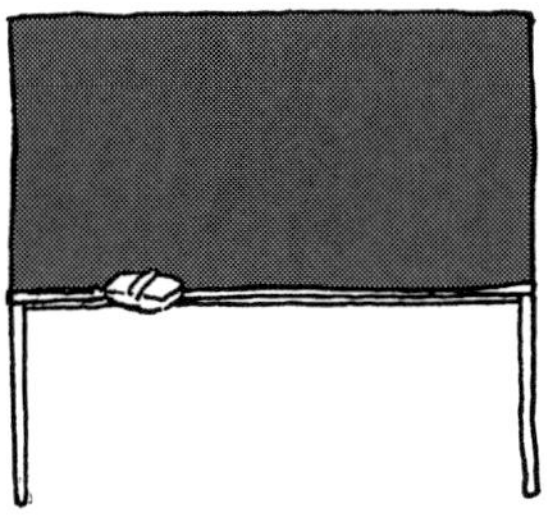

⑨
会長

⑤
副会長

⑥
司会を　する

【読み練習】

1. トム君と　上野君は　仲良しです。いつも　いっしょに　帰ります。

2. トム「今日　一輪車に　乗って　遊ばない？」
　上野「うん、いいよ。」

3. ぼくは　今日　欠席した　山本君に　連らく帳を　持って行きました。

4. 「五時に　なったら　必ず　帰るように　みんなに　伝えてください。」

5. 学芸会に　ついて　話し合いを　します。司会は　トム君です。

6. 児童会の　会長は　石川さんです。副会長は　ケン君です。

7. 土曜日に　児童館で　ゲーム大会が　あります。

大《おお》きい
大《タイ》会

8. 放課後 ときどき ほかの 学校の 生徒と 遊びます。

9. 道徳の 時間に、先生は「約束は 必ず 守りましょう」と 言いました。

部首（へん）（3）

「へん」の 名前

月（つきへん） 勝 服

部首（あし）

「あし」は 漢字の 下の 部分の ことを いいます。

「あし」の 名前

灬（れんが） 熱 魚 点

儿（ひとあし） 見 兄 光

花束《たば》

約束《ソク》

八課

がんばる

工夫《くふう》

成功《せいこう》

失敗《しっぱい》

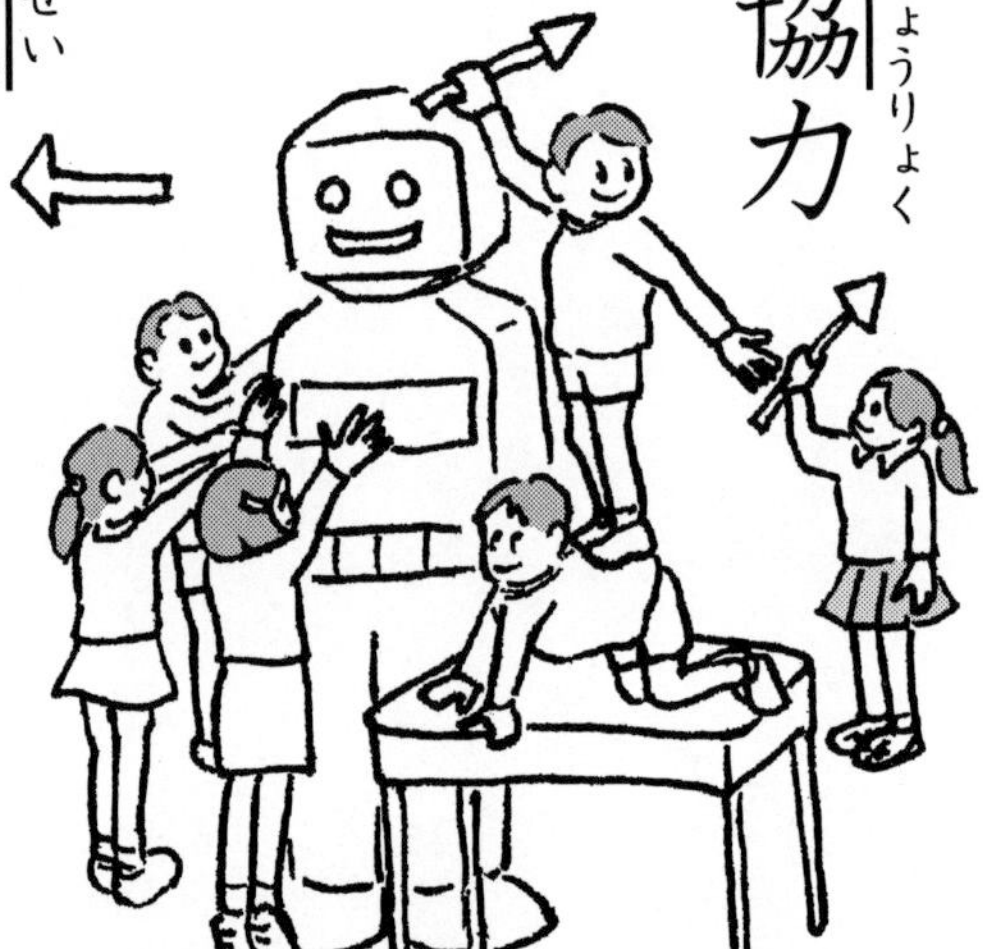

協力《きょうりょく》

完成《かんせい》

無理《むり》
競《きょう》そう
結果《けっか》
毎日
続《つづ》ける
目的《もくてき》
反省《はんせい》
努力《どりょく》
放課後……
放課後……
放課後……
覚《おぼ》える
目標《もくひょう》

1

とび箱に ［　　］ しました。　とび箱に ［　　］ しました。

①失敗　②成功

2

高い　木の　上に　ボールがあります。
［　　］して　取ります。

みんなで ［　　］ して、
ロボットを ［　　］ させました。

①完成　②工夫　③協力

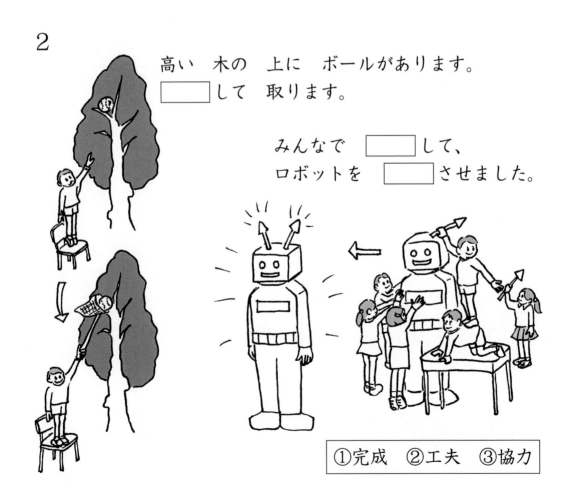

①競そう
②結果
③無理

運動会で ＿＿＿ しています。林さんは 足が いたくなって、もう 走るのは ＿＿＿ です。
＿＿＿ は、木村さんの ゆう勝《しょう》でした。

①続けて います
②目的

お父さんは 毎日 ジョギングを ＿＿＿。
＿＿＿ は 60キロまで やせることです。

①目標
②努力
③反省
④覚えます

テレビばかり 見て 勉強しなかったので ＿＿＿ しています。次の テストの ために いっしょうけんめい ＿＿＿ します。漢字も たくさん ＿＿＿。＿＿＿ は 百点です。

【読み練習】

1. お母さんは　熱が　あるのに　無理を　して　おべんとうを　作ってくれました。
2. 夏休みの　宿題で、工夫を　して　ロボットを　作りました。
3. 目的地まで　あと　五キロです。がんばりましょう。
4. 夏休み中に　二百メートル　泳げるように　なるのが　目標です。
5. 夏休みに　毎日　ラジオ体そうを　続けたので、先生に　ほめられました。
6. 百メートル競そうで、お姉さんに　勝ちました。うれしいな。
7. 努力して　漢字を　覚えたら、試験《しけん》で　百点が　取れました。

{ 図工《コウ》　工夫《ク》 }

{ 力《ちから》　努力《リョク》 }

8. 一人では　できないことも　協力すると　できるんだね。

9. 「失敗しても、どうして　できなかったか　反省して、もう一度　やれば　いい」

と先生に　言われて　元気に　なりました。

10. 一人で　ヨットで　太平洋《たいへいよう》を　わたるのに　成功した人が　います。えらいですね。

11. 社会の　時間に「ぼくたちの　町」の　地図を　かきました。

たいへんだったけど、　やっと　完成しました。

12. 選挙の　結果、　木村さんが　学級委員に　決まりました。

他動詞	自動詞
ひもを　切る	ひもが　切れる

石を　落とす	石が　落ちる
	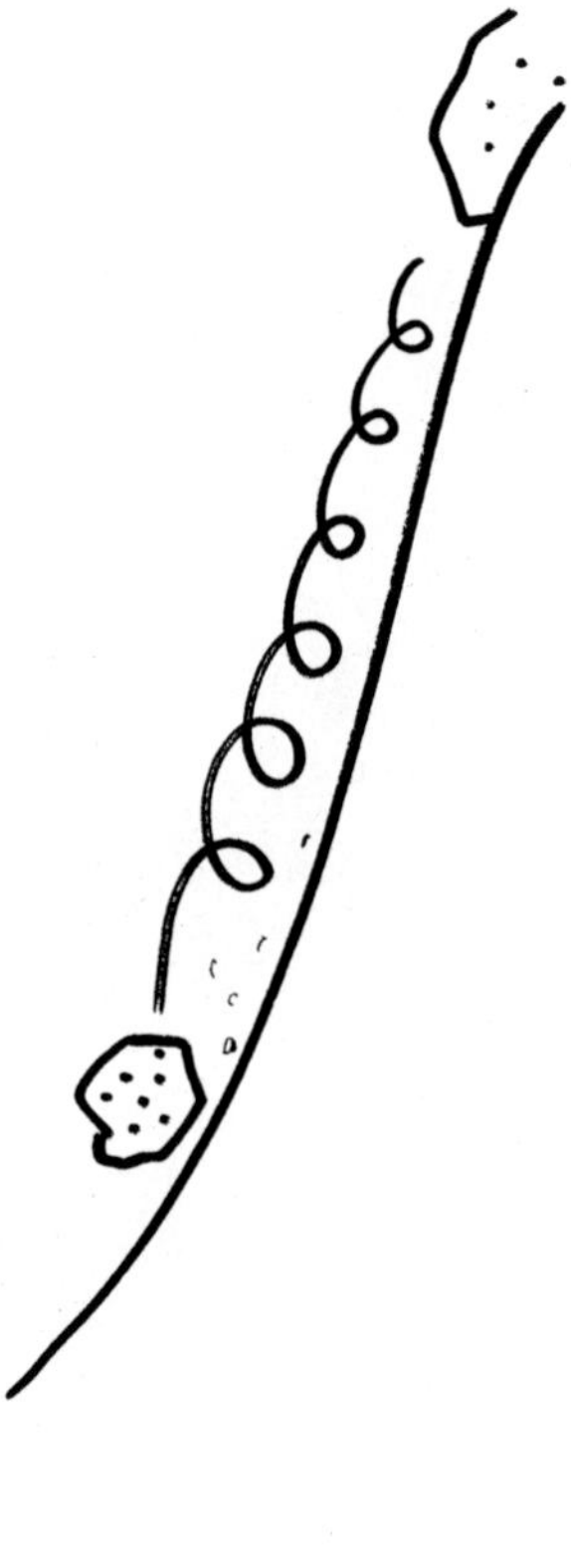

他動詞 　　　　自動詞

給食を　残す

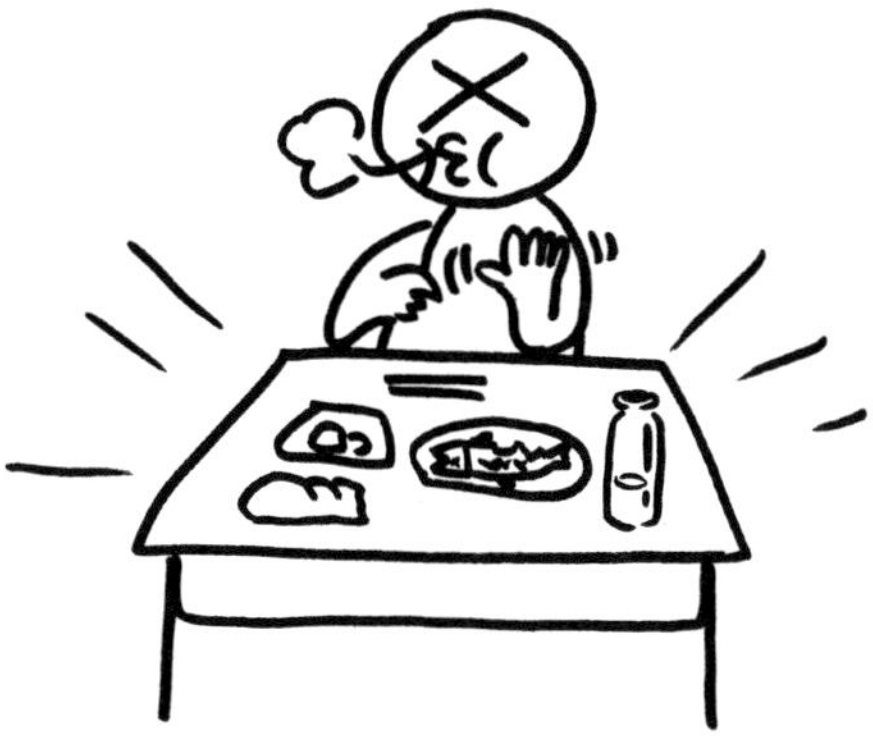

給食が　残る

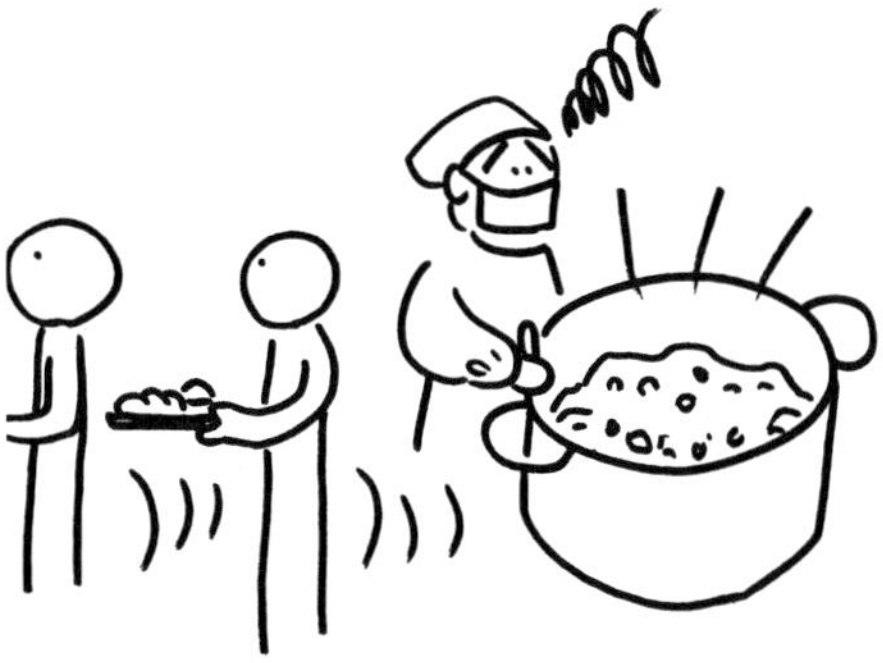

ビルを　建てる

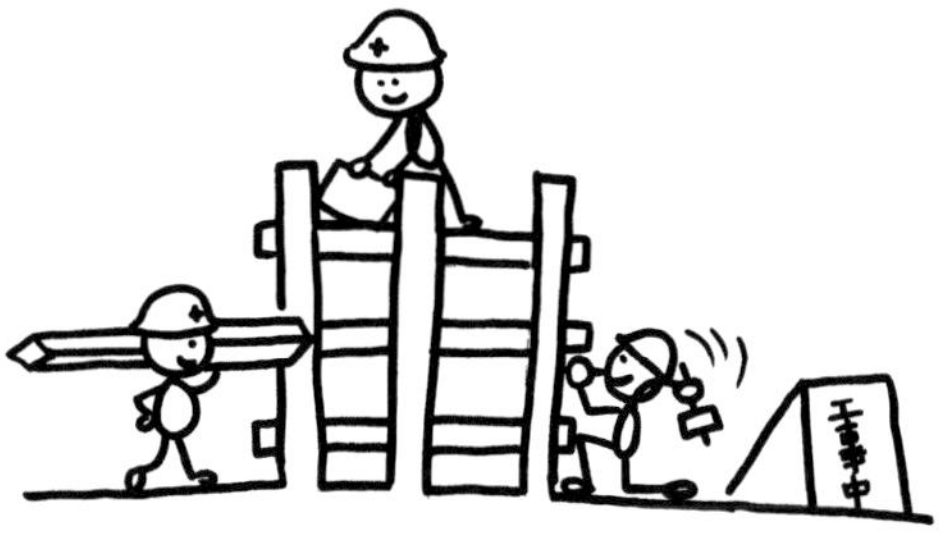

ビルが　建つ

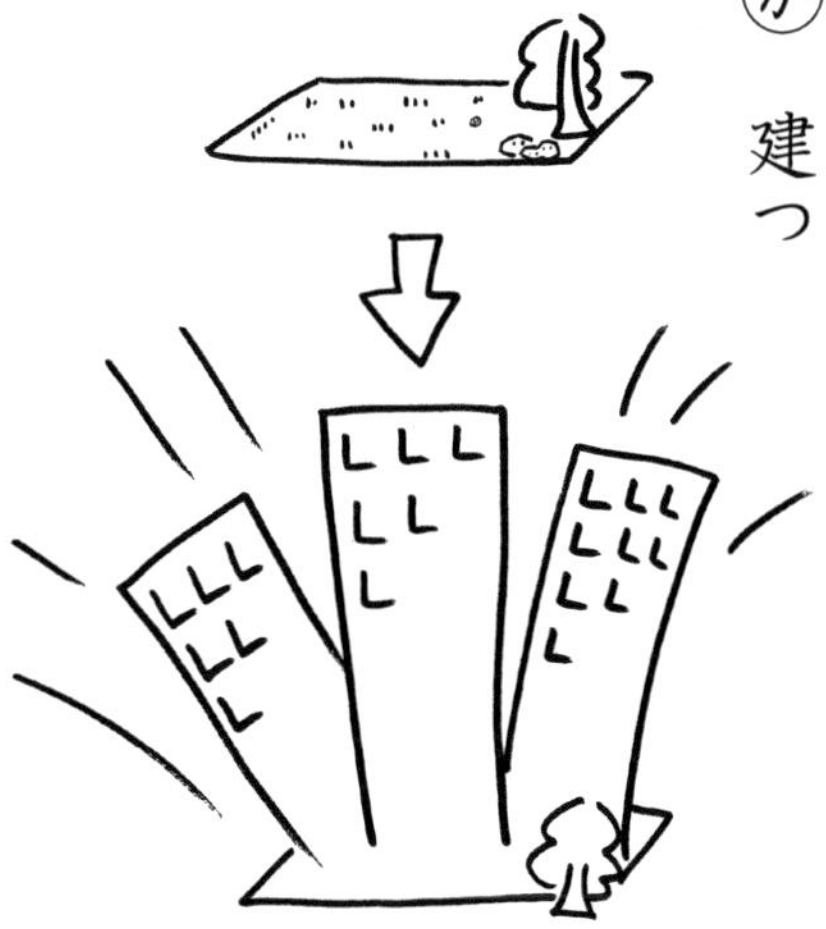

九課 国語

英語《えいご》

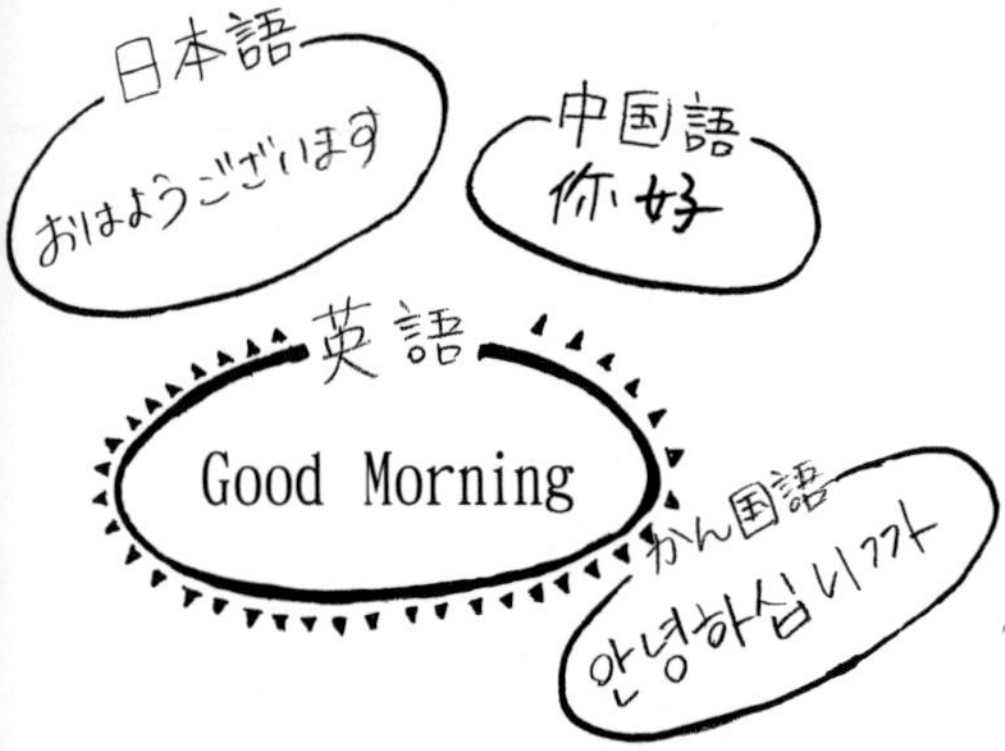
日本語
おはようございます
中国語
你好
英語
Good Morning
かん国語
안녕하십니까

浴 池 海
水＝氵さんずい

説明《せつめい》

例《れい》

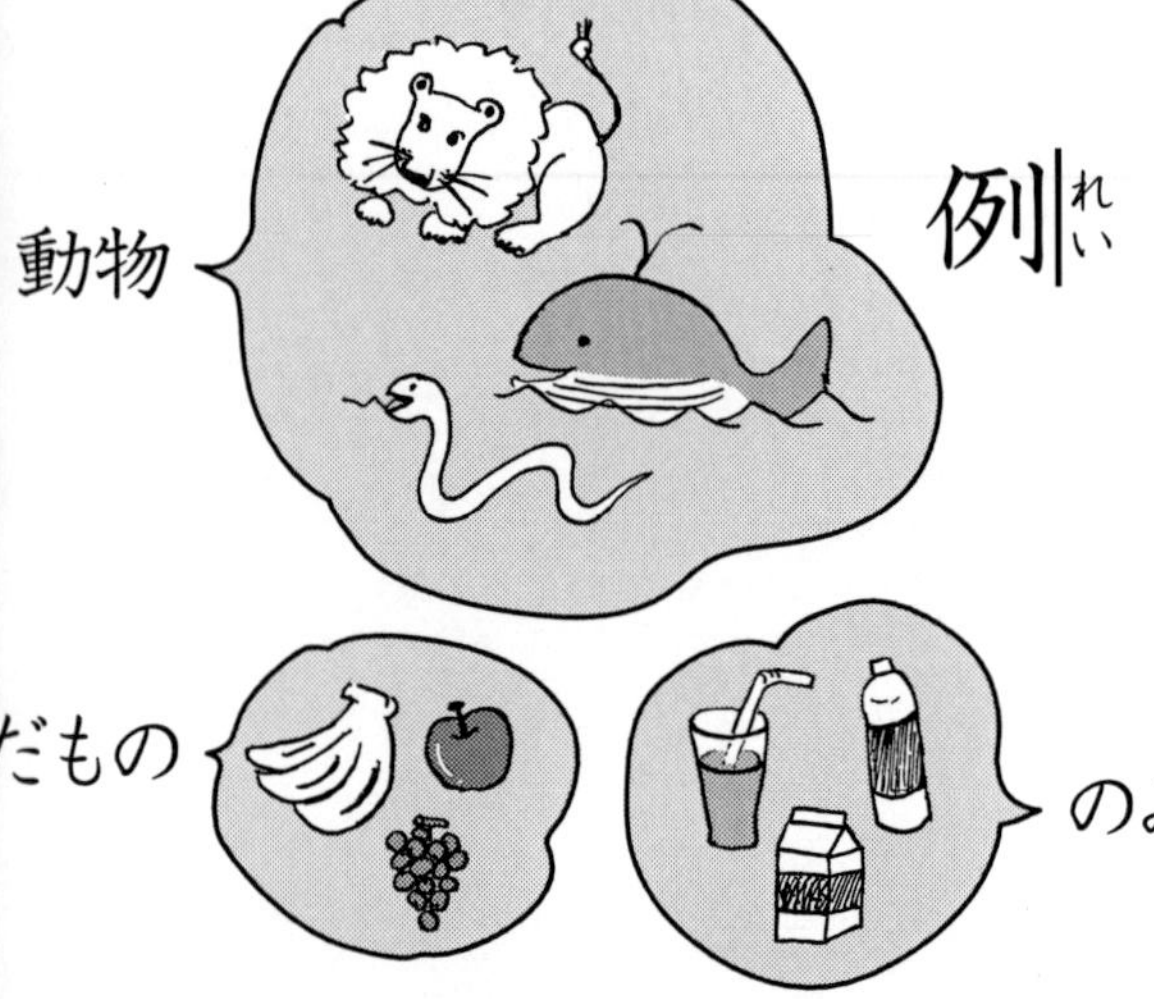
動物
だもの
のみもの

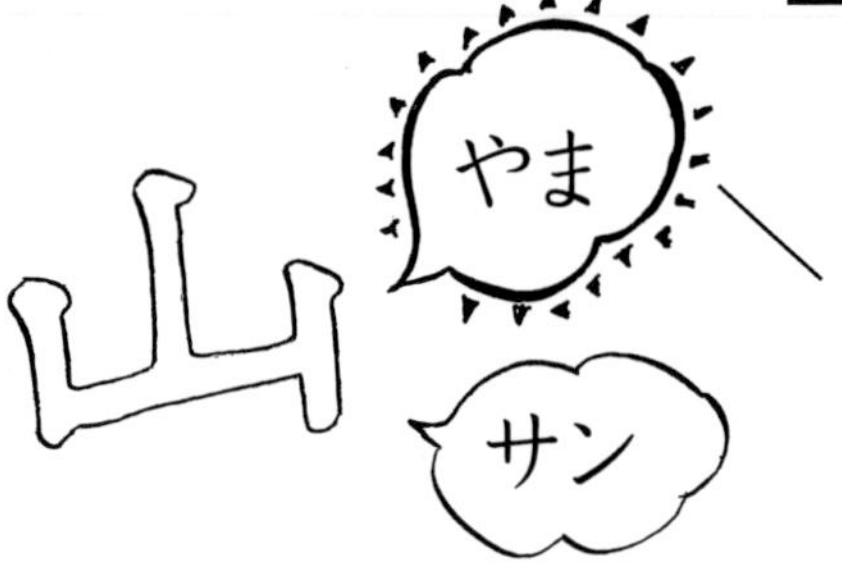
山
やま
サン

訓《くん》

文末《ぶんまつ》

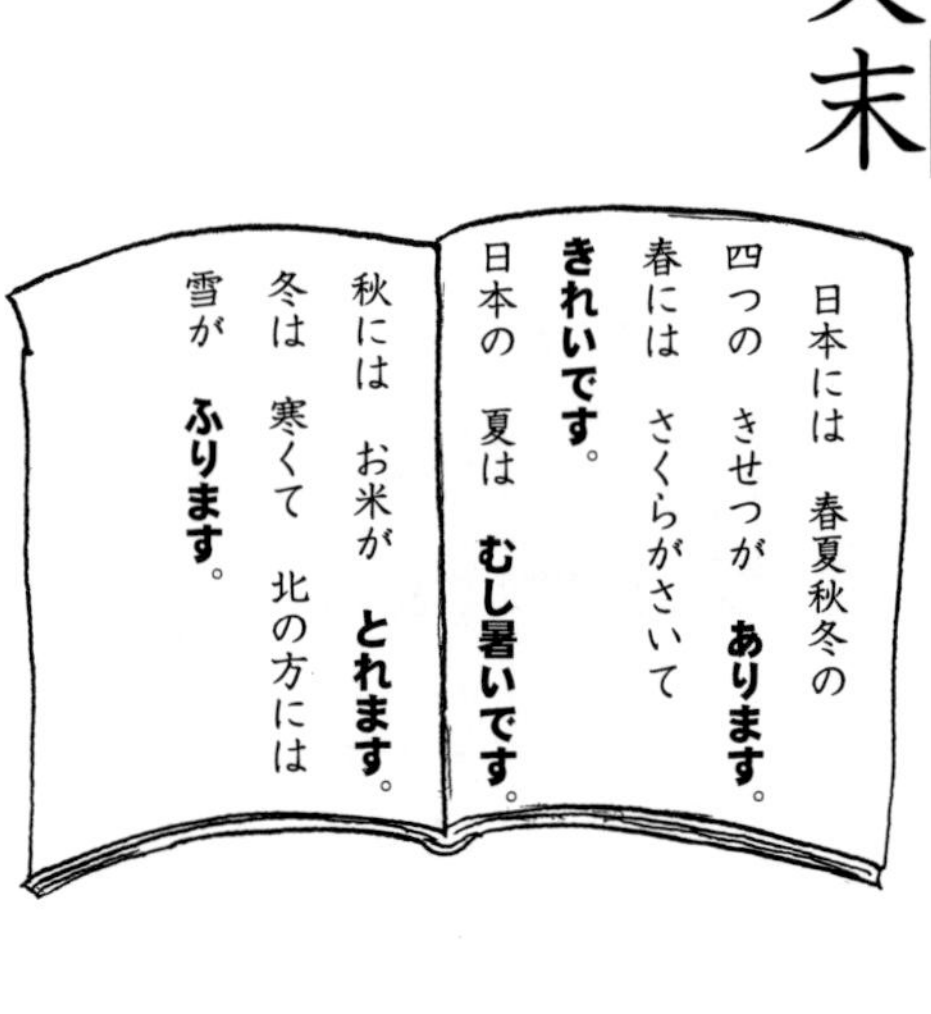
日本には 春夏秋冬の
四つの きせつが **あります。**
春には さくらがさいて
きれいです。
日本の 夏は **むし暑いです。**
秋には お米が **とれます。**
冬は 寒くて 北の方には
雪が **ふります。**

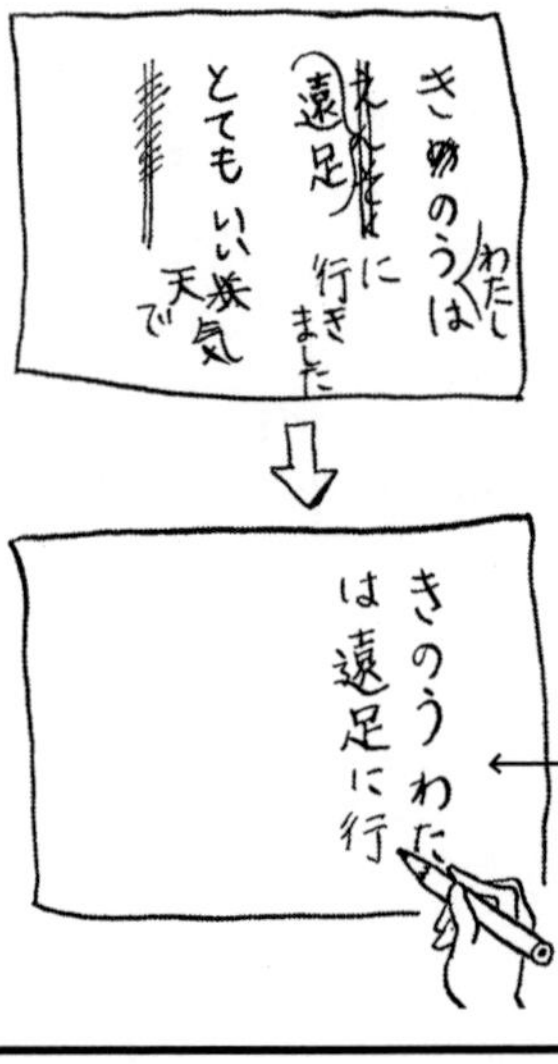
きのうわた
は遠足に行

清書《せいしょ》

試験《しけん》

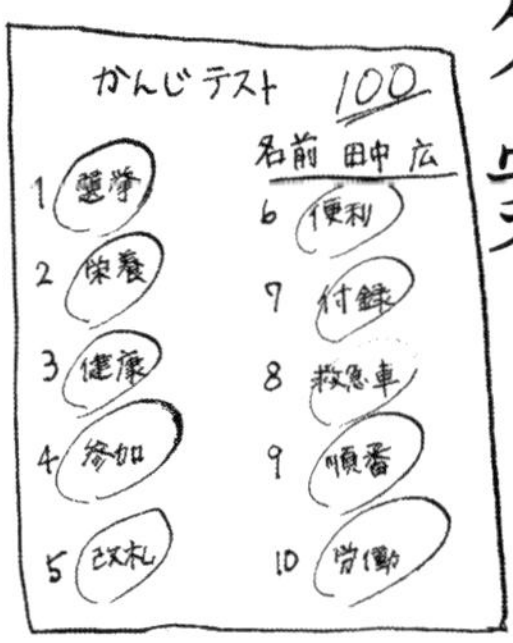

答案

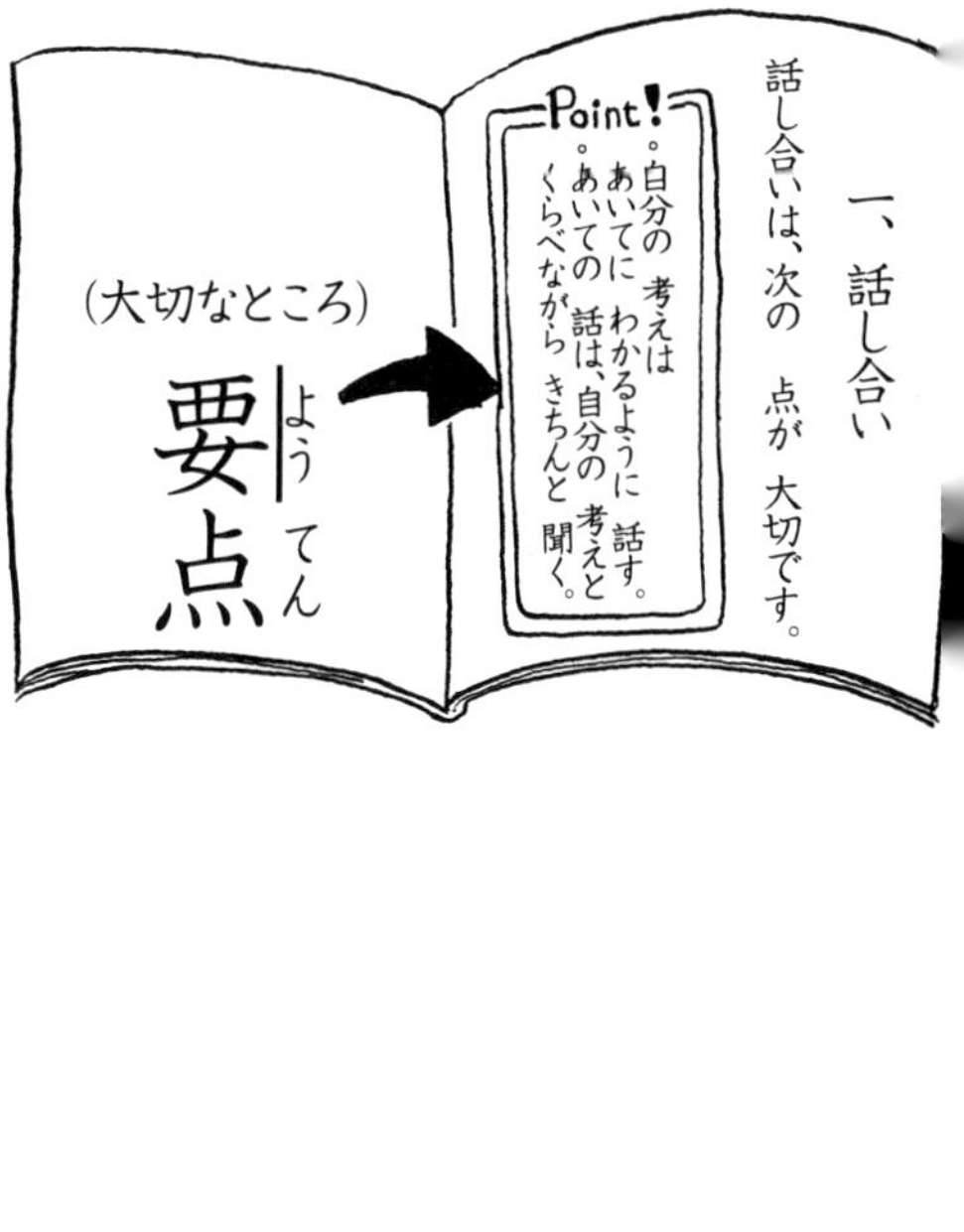

（大切なところ）

要点《ようてん》

国語辞典《じてん》

星に関心《かんしん》があります。

[redacted]

・ ・文末

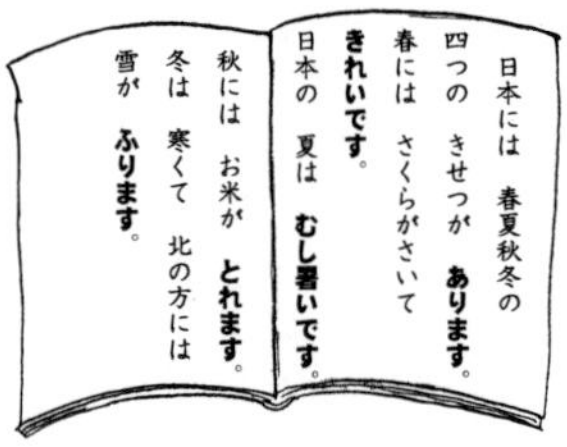

・ ・関心が ある

・ ・例

・ ・訓

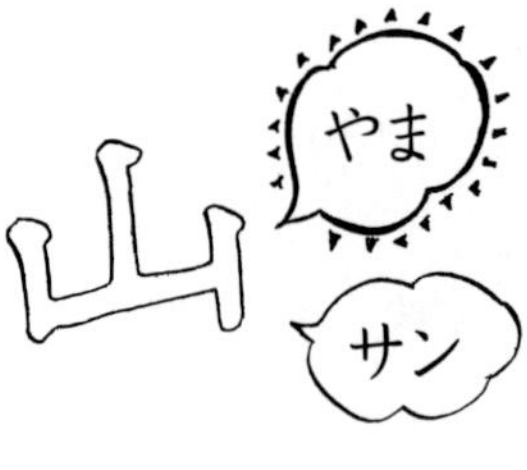

・ ・試験

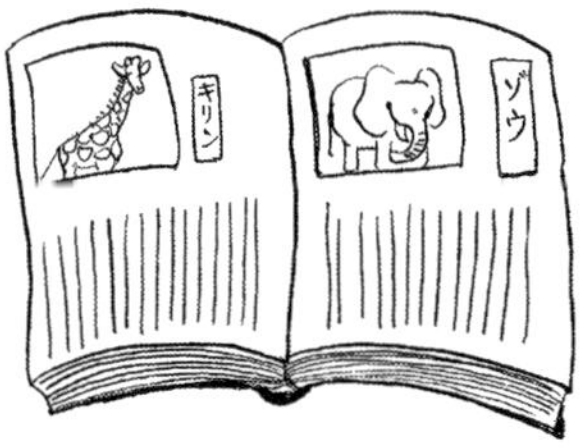

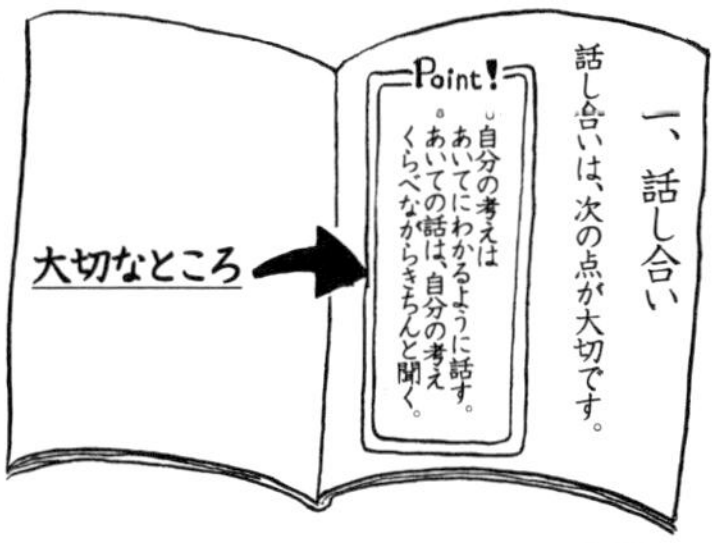

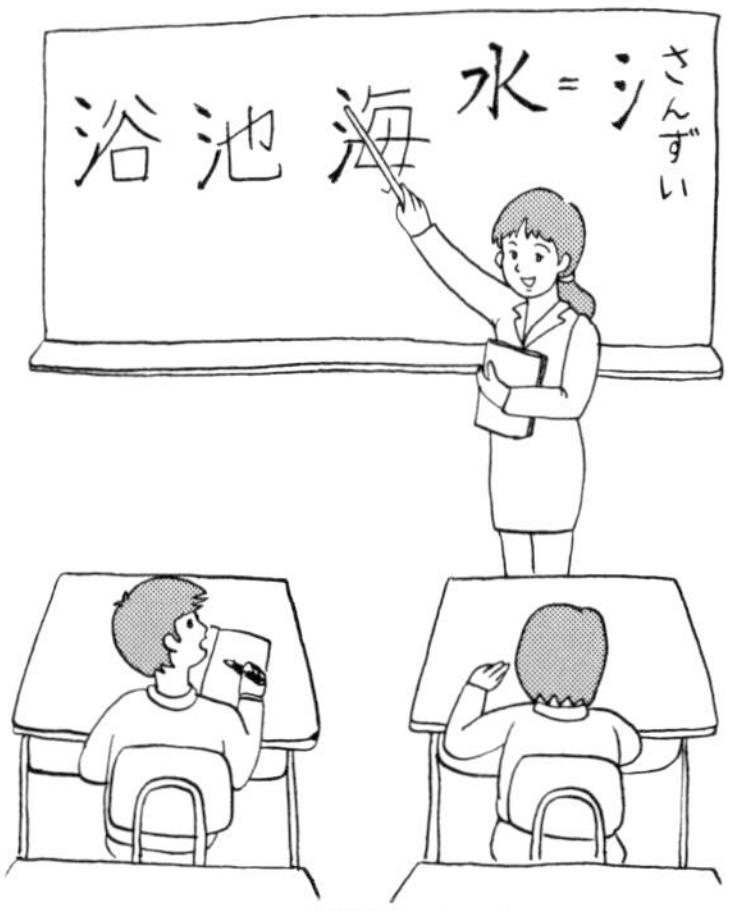

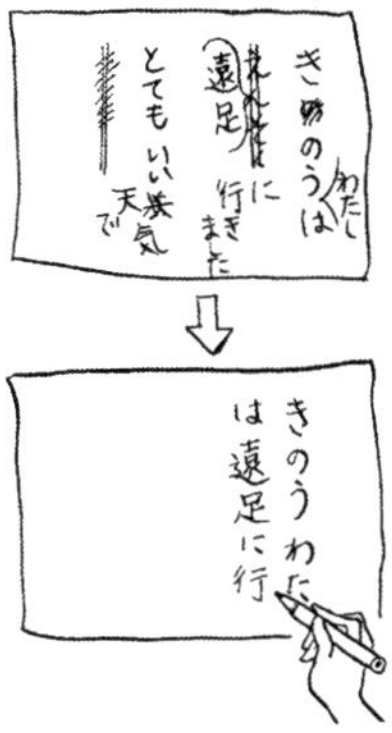

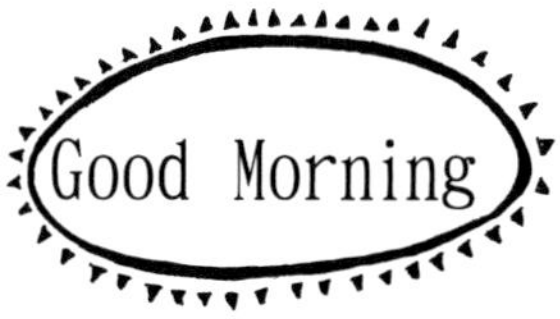

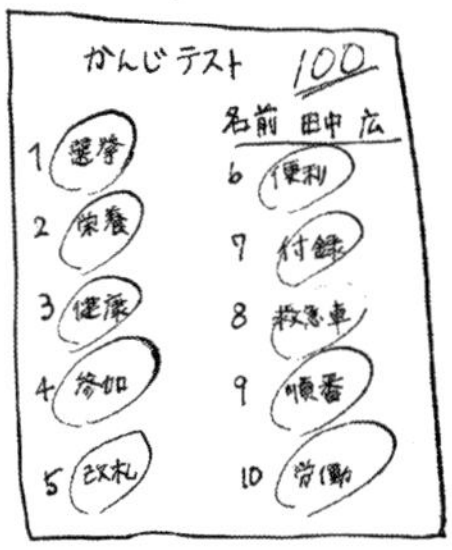

・説明

・英語

・辞典

・要点

・答案

・清書

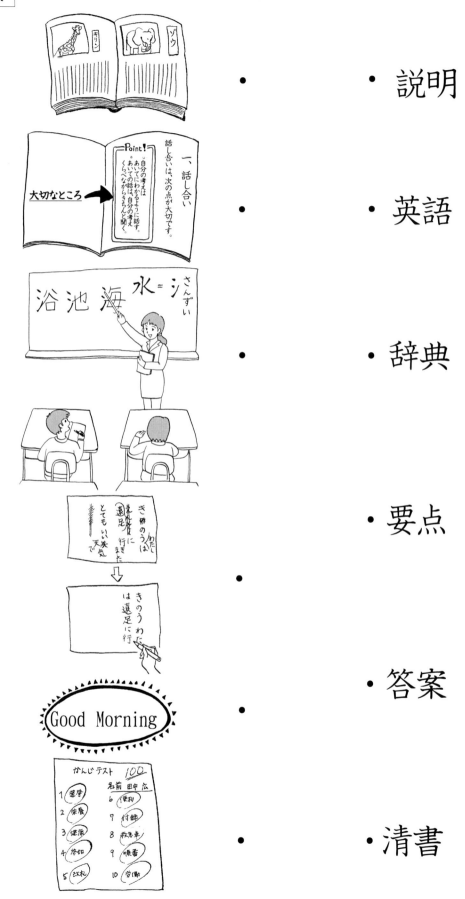

【読み練習】

1. 今日の宿題は　国語辞典で　「弱肉強食」の　意味を　調べることです。

2. かたかなには　英語の　言葉を　そのまま　使った　ものが　多いです。

3. 先生は　教える　とき、例を　使って　説明します。

4. 文章の　大切な　ところを　要点と　言います。よく　覚えてください。

5. 漢字は　訓読みと　音読みが　あります。「頭（あたま）」は　訓読みです。「頭（とう）」は　音読みです。

6. 文や　文章の　終わりを　「文末」と　言います。

弱《よわ》い　弱《ジャク》肉

強《つよ》い　強《キョウ》食

言《い》う　言葉《ことば》

教《キョウ》室　教《おし》える

明《あか》るい　説明《メイ》

切《き》る　大切《セツ》

7. 「来週までに 作文を 清書してきてください」と 先生が 言いました。

8. 今から 漢字の 試験を 始めます。 答案用紙に 名前を 書いてください。

9. わたしは 日本の 昔話に 関心が あります。

答《こた》える　答《トウ》案

紙《かみ》　用紙《シ》

話《はな》す　電話《ワ》　昔話《ばなし》

部首（へん）（4）

「へん」の 名前

彳（ぎょうにんべん）　行　待

土（つちへん）　坂　塩

十課　算数

一兆	千億	百億	十億	一億	千万	百万	十万	一万	千	百	十	一
1	0	0	0	0	0	0	0	0	0	0	0	0

↑ 一兆《いっちょう》　↑ 一億《いちおく》　↑ 一万《いちまん》

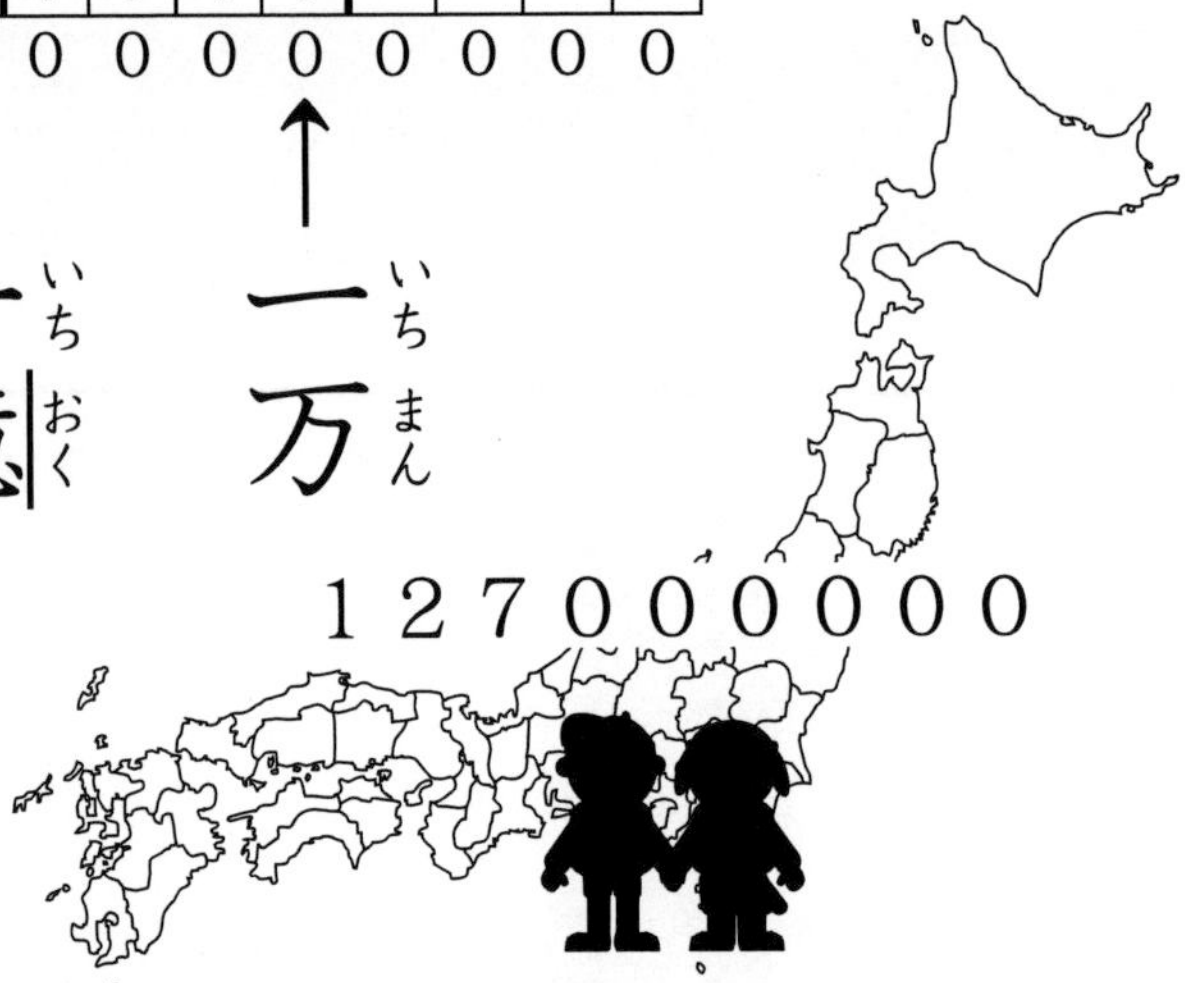
127000000

日本人の　数は　一億二千七百万人です。

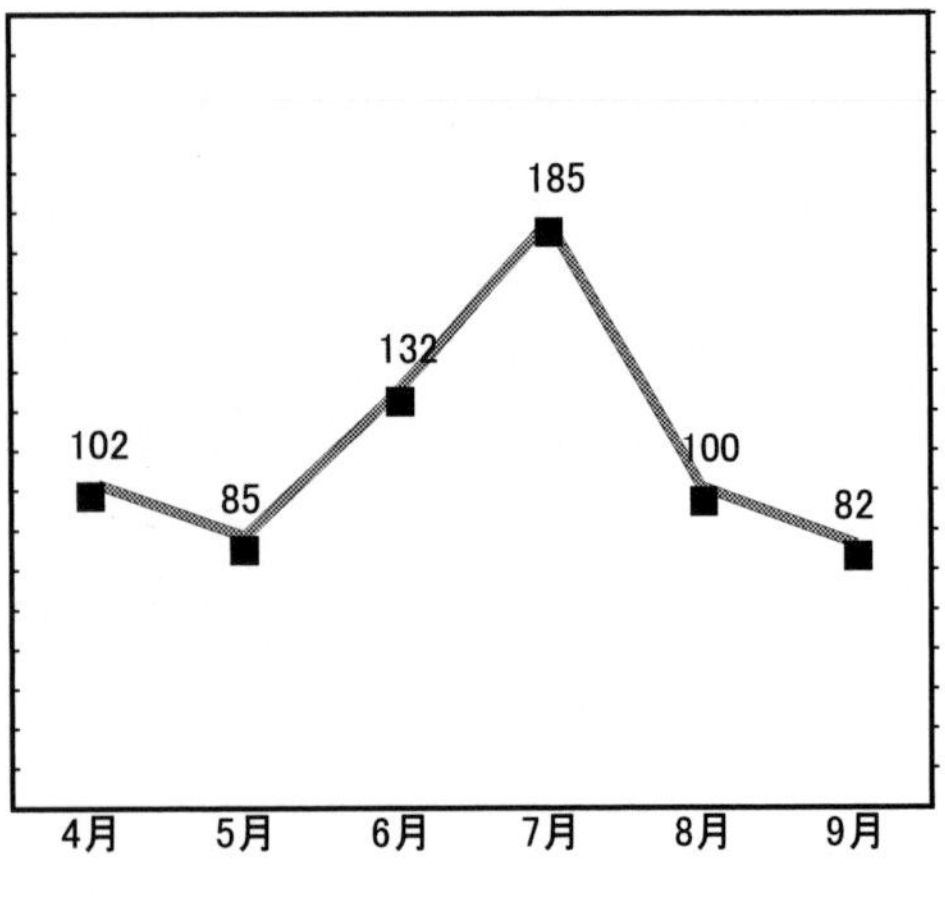
102
85
132
185
100
82
4月
5月
6月
7月
8月
9月

折《お》れ線グラフ

水の 量《りょう》を はかる

l
km
m
m^2
dl
g
kg

単位《たんい》

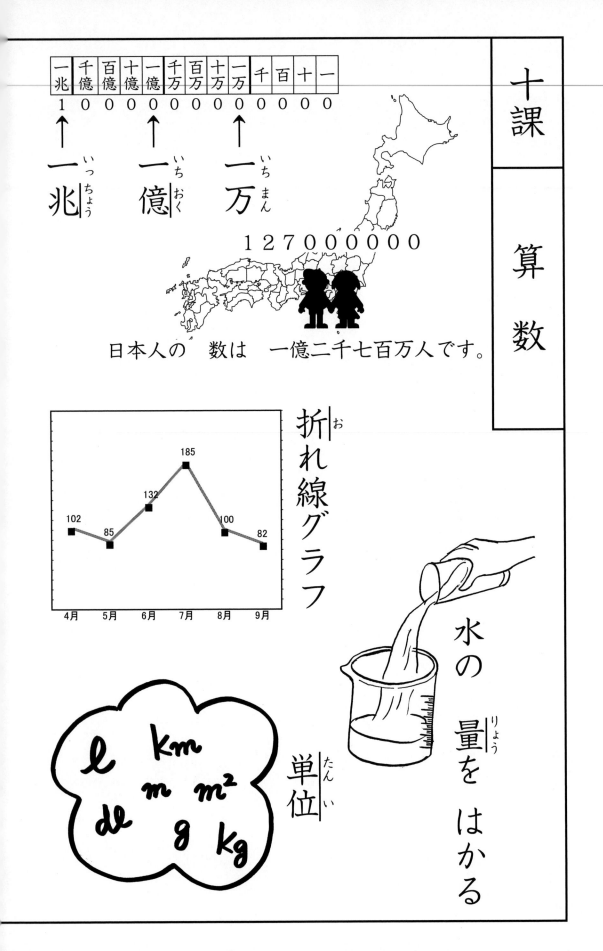

分度器《ぶんどき》

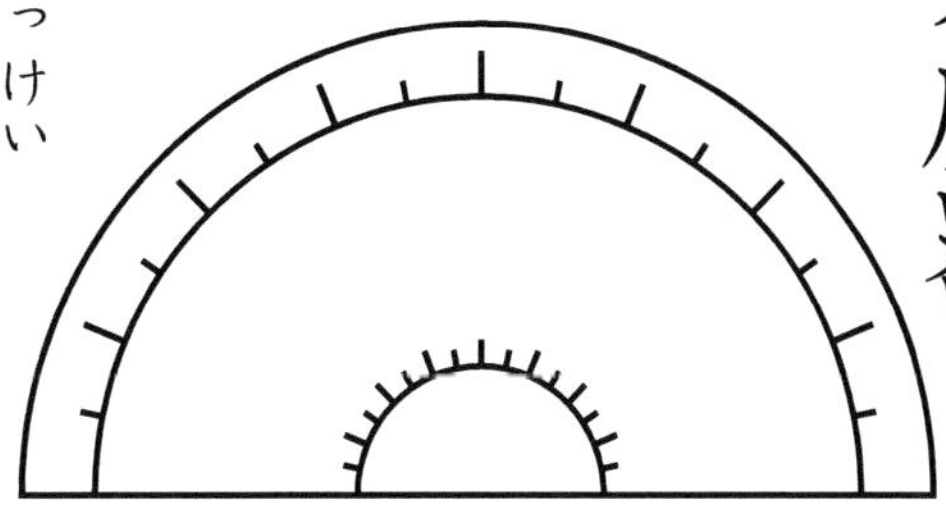

直径《ちょっけい》

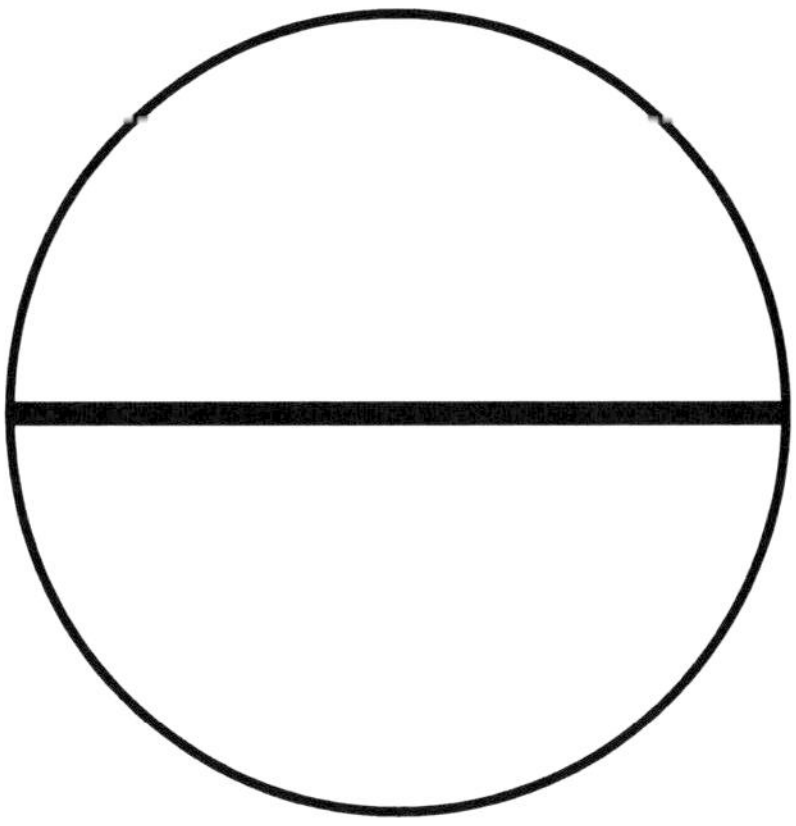

日本では 六さい以上《いじょう》の

人が 学校へ 行きます。

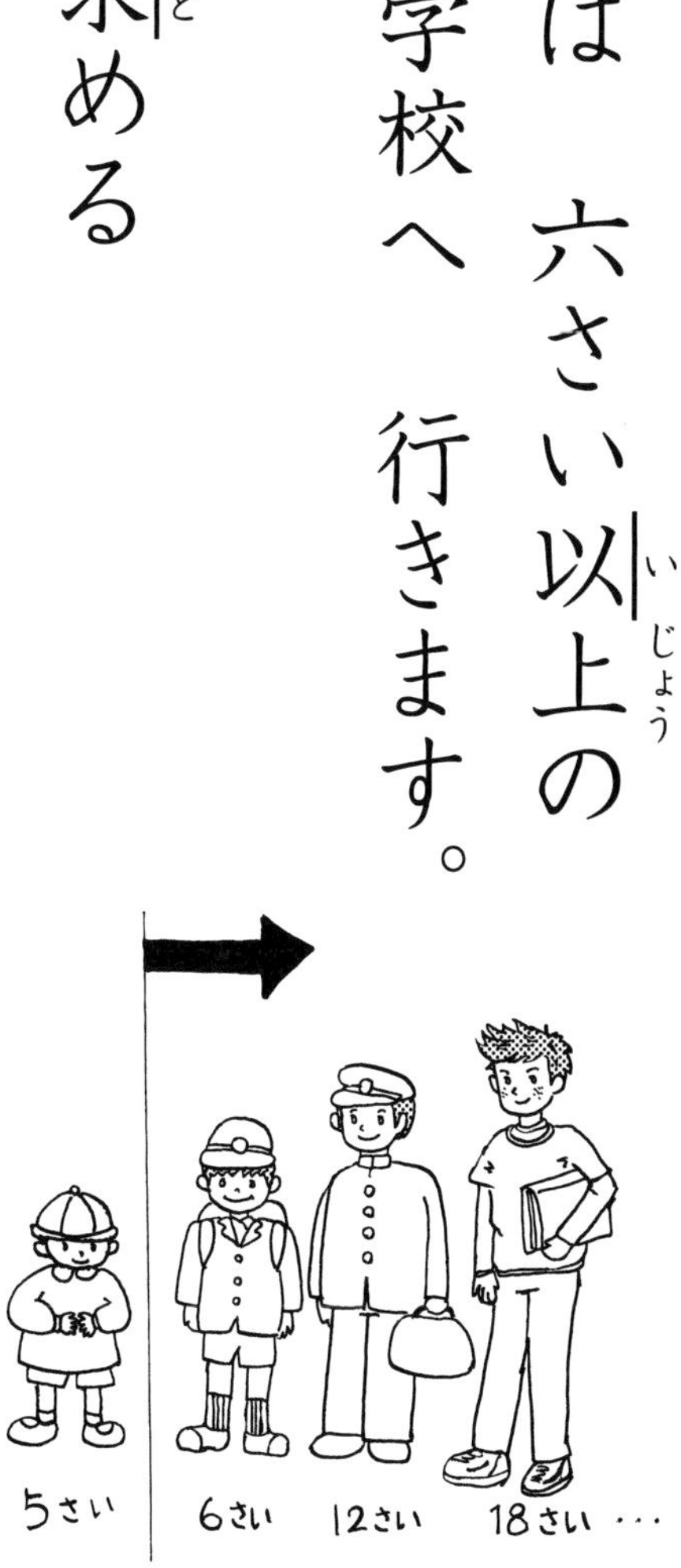

角度を 求《もと》める

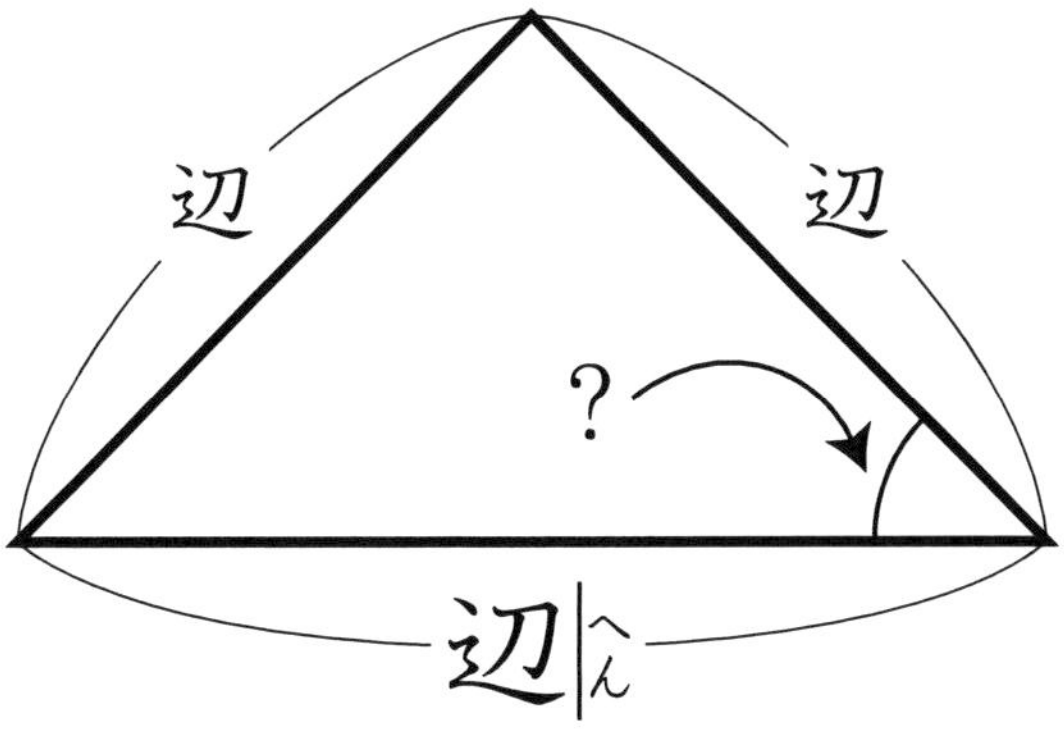

五十と 三の 差《さ》は

四十七です。

$$\begin{array}{r} 50 \\ -\ \ 3 \\ \hline 47 \end{array}$$

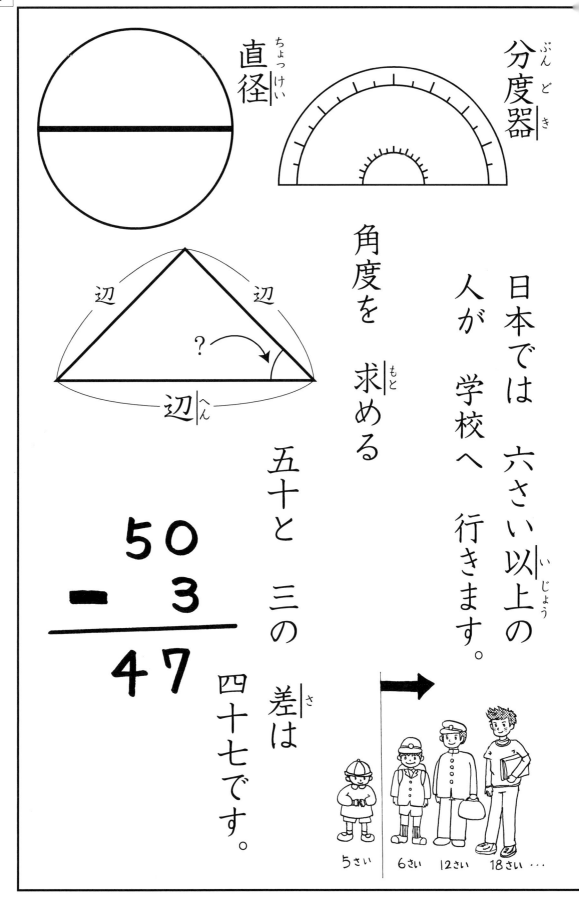

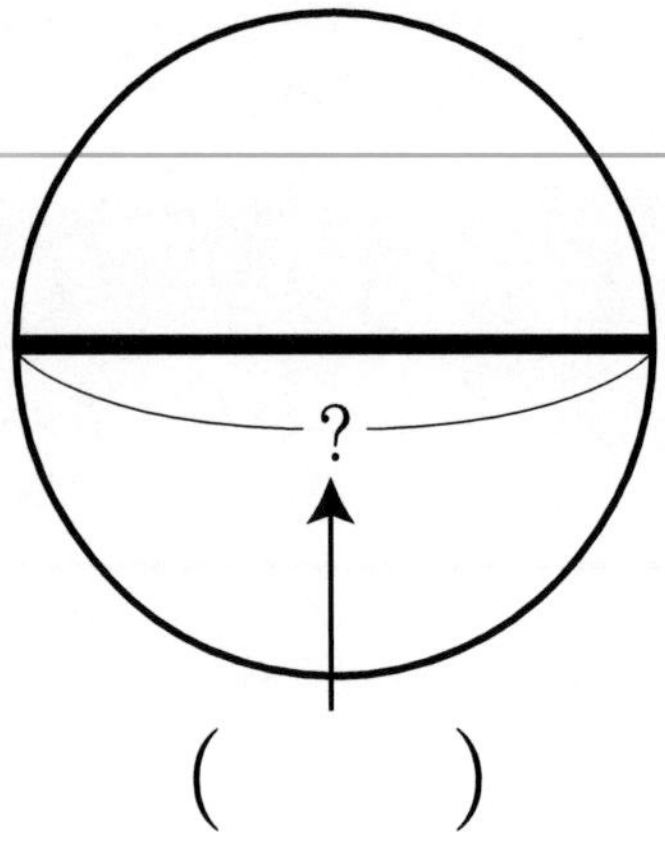

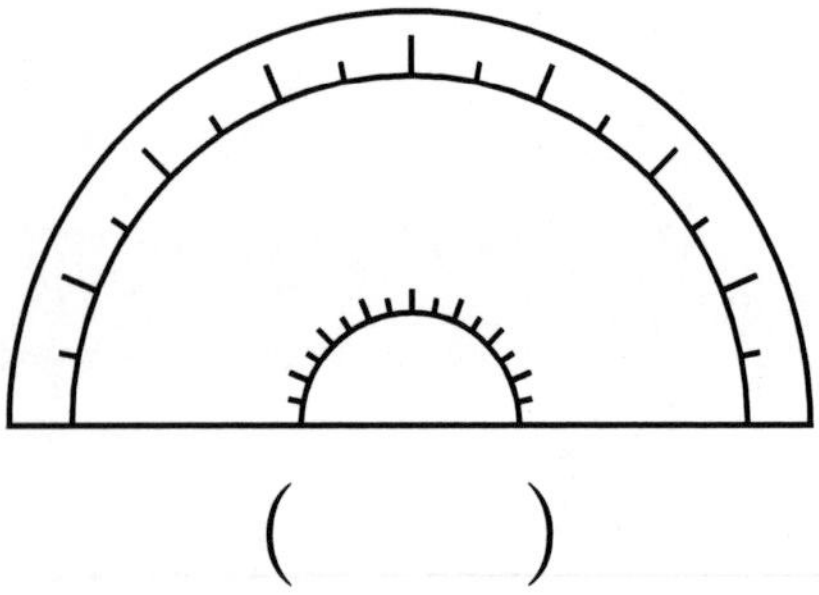

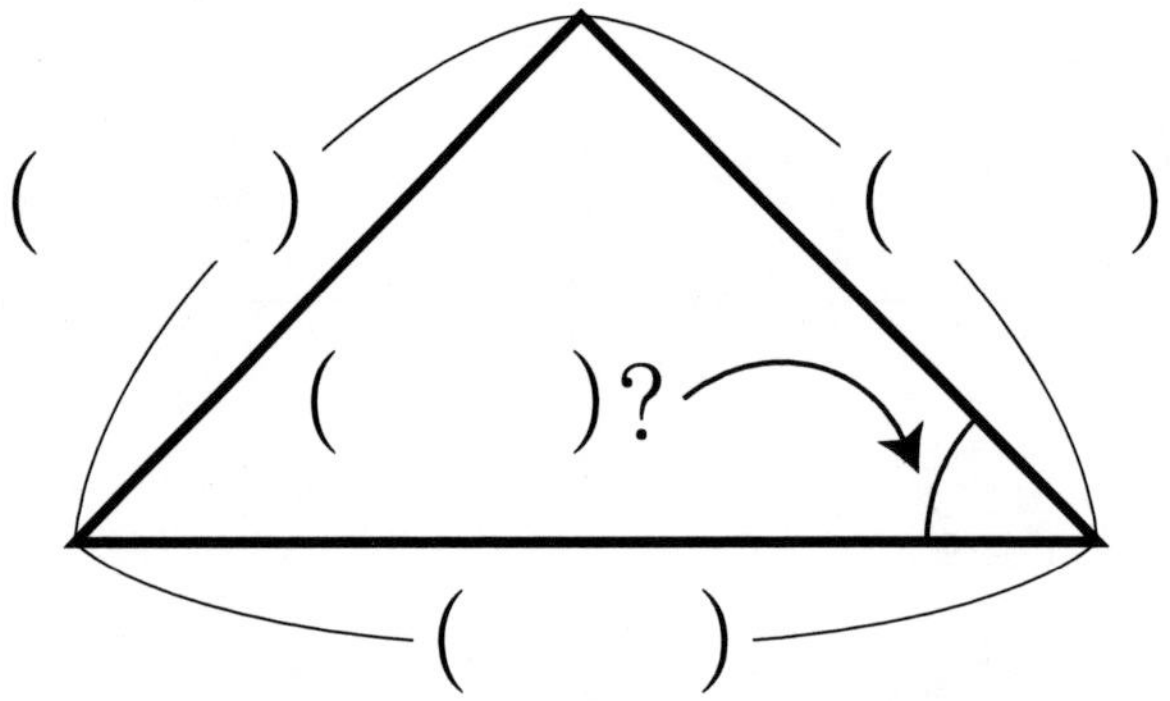

① 辺

② 分度器

③ 量

④ 直径

⑤ 角度を 求める

100,000,000（　　）

1,000,000,000,000（　　）

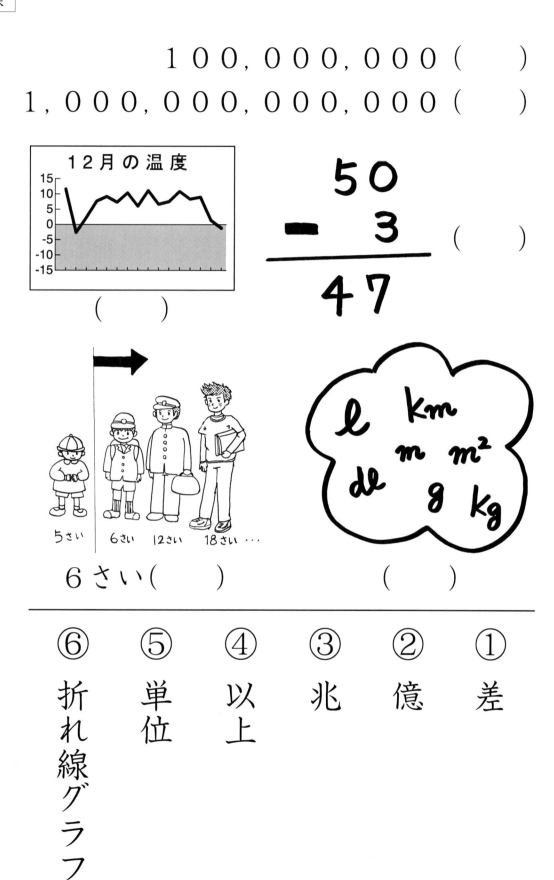

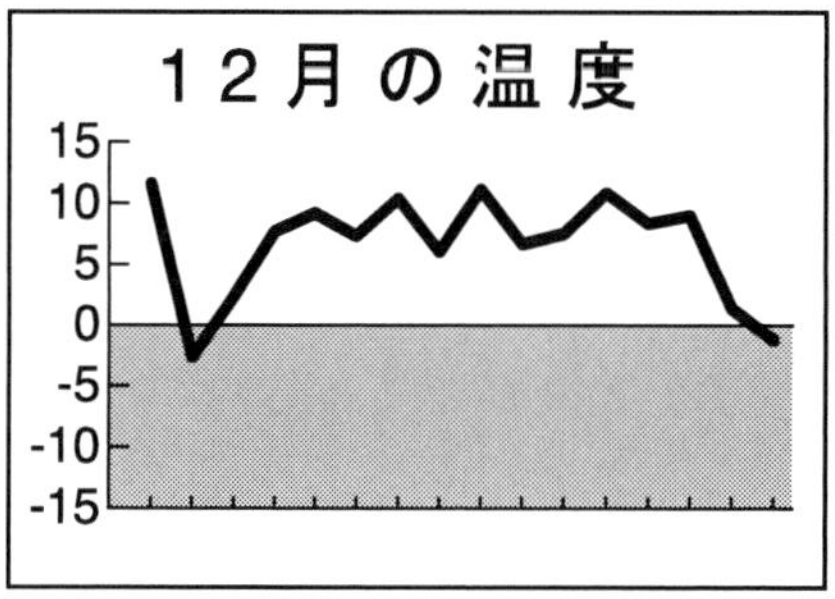

（　　）

$$
\begin{array}{r} 50 \\ -\ \ 3 \\ \hline 47 \end{array}
$$

（　　）

6さい（　　）

（　　）

---

①差

②億

③兆

④以上

⑤単位

⑥折れ線グラフ

【読み練習】

1. 百万の 百倍は 一億、百億の 百倍は 一兆です。
2. リットルは 量の 単位、メートルは 長さの 単位です。
3. 円の 直径を はかってみましょう。
4. 三角形の 辺の 数は 三つで、四角形は 四つです。
5. あなたの 国の 昼と 夜の 気温の 差は 何度ぐらいですか。
6. 分度器を 使って この 三角形の 角度を 求めなさい。
7. 夏休みに 毎日 温度を 調べて、折れ線グラフを 作りました。
8. 万以上の 計算は むずかしいです。

算数《サンスウ》
数《かぞ》える
数《かず》

クイズ（四）　算数の問題

例のように　答えを　□の　中から　選《えら》んで、
番号を　書いてください。

1

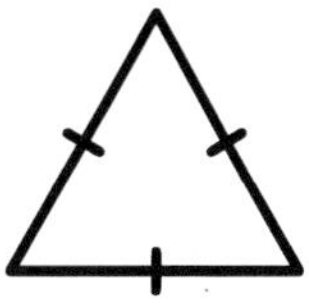

(　　　)

2

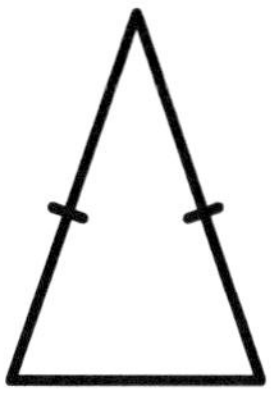

(　　　)

3

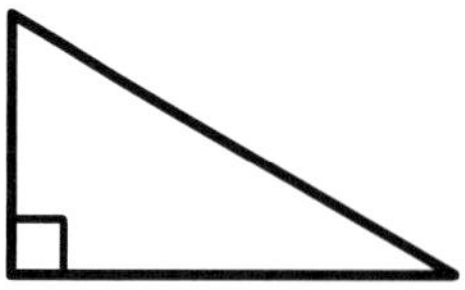

(　　　)

4

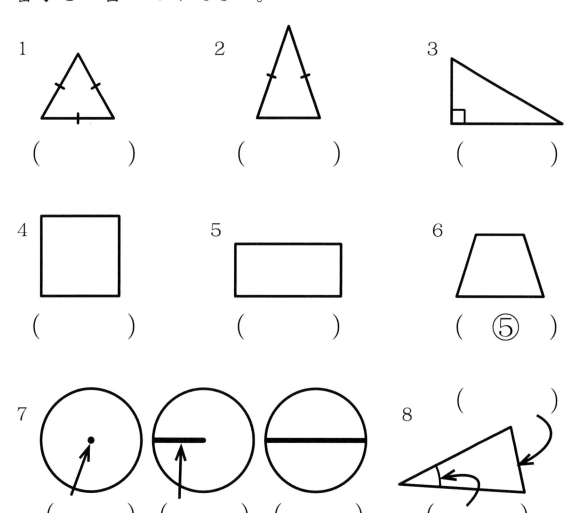

(　　　)

5

(　　　)

6

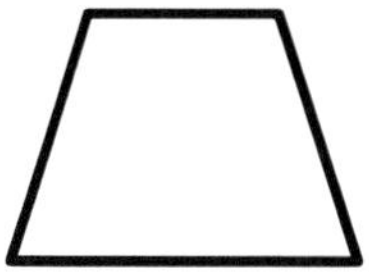

(　⑤　)

7

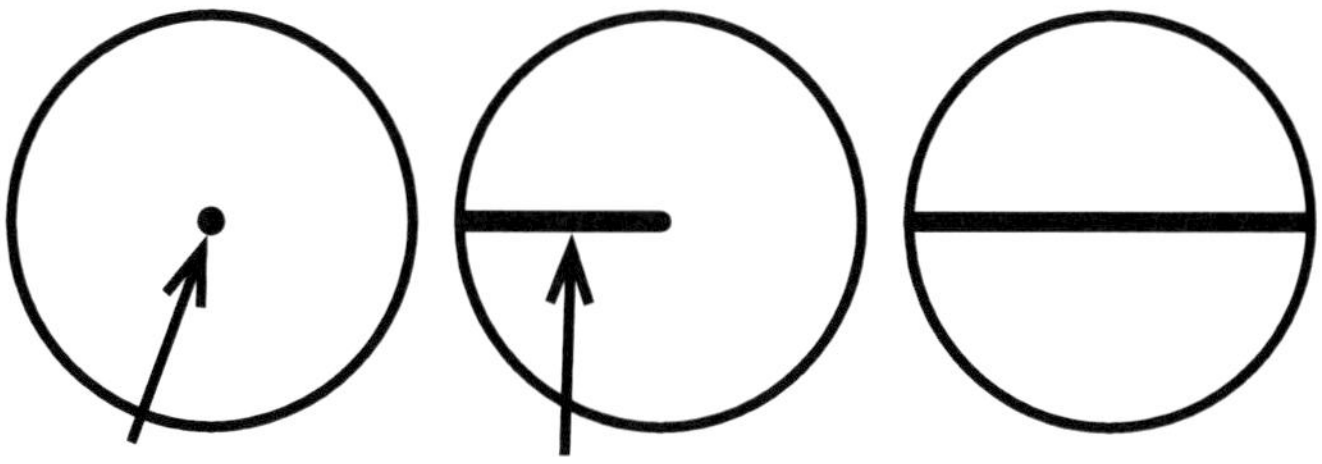

(　　　)　(　　　)　(　　　)

8

(　　　)

(　　　)

① 円の中心　② 正三角形　③ 角　④ 辺

⑤ 台形　⑥ 正方形　⑦ 直角三角形　⑧ 長方形

⑨ 二等辺三角形　⑩ 半径　⑪ 直径

十一課

自然《しぜん》

季節《きせつ》

気候《きこう》

魚《さかな》の群《む》れ

冷《つめ》たい

海底《かいてい》

固体《こたい》

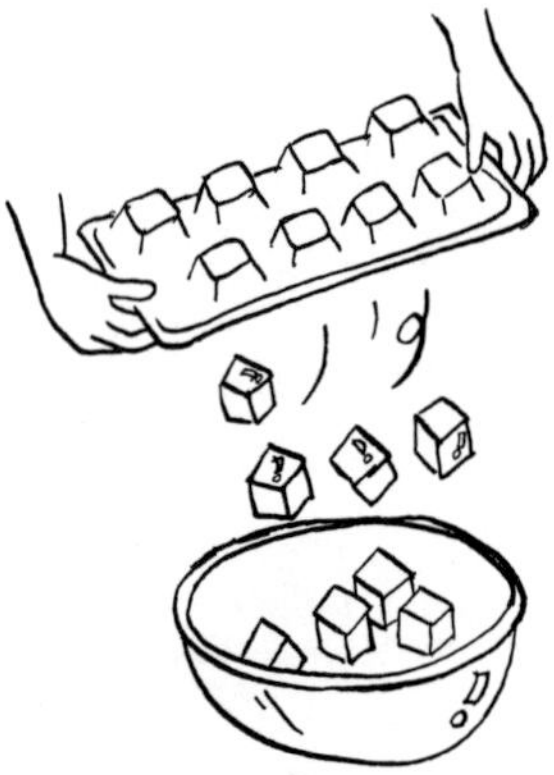

深《ふか》い

浅《あさ》い

低《ひく》い

望遠鏡《ぼうえんきょう》

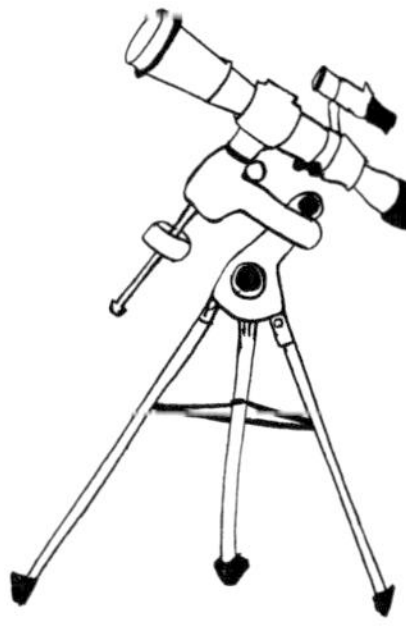

飛《と》ぶ

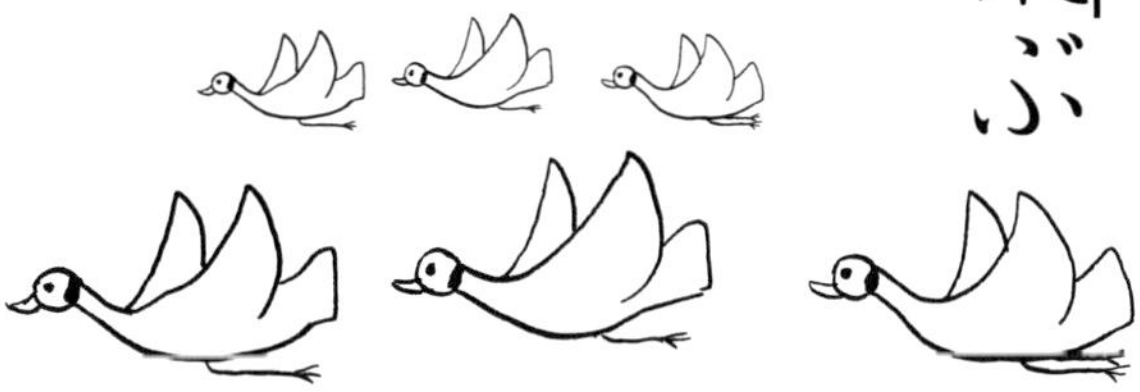

巣《す》

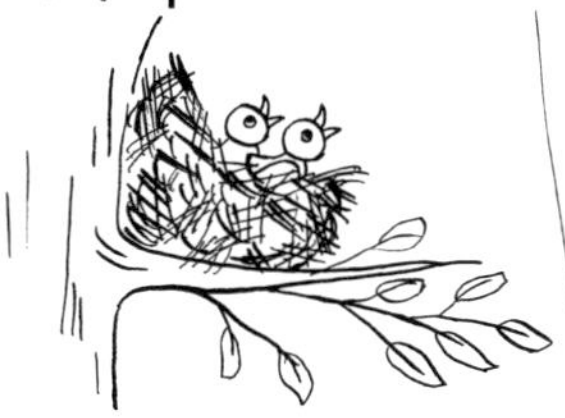

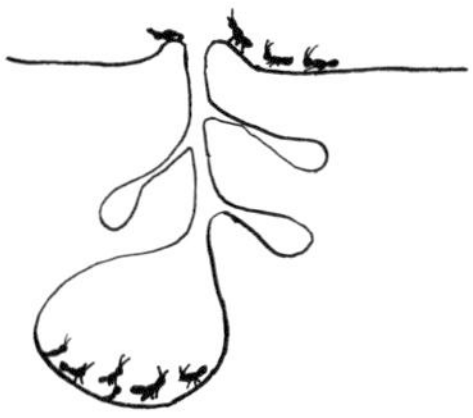

アフリカの自然《しぜん》

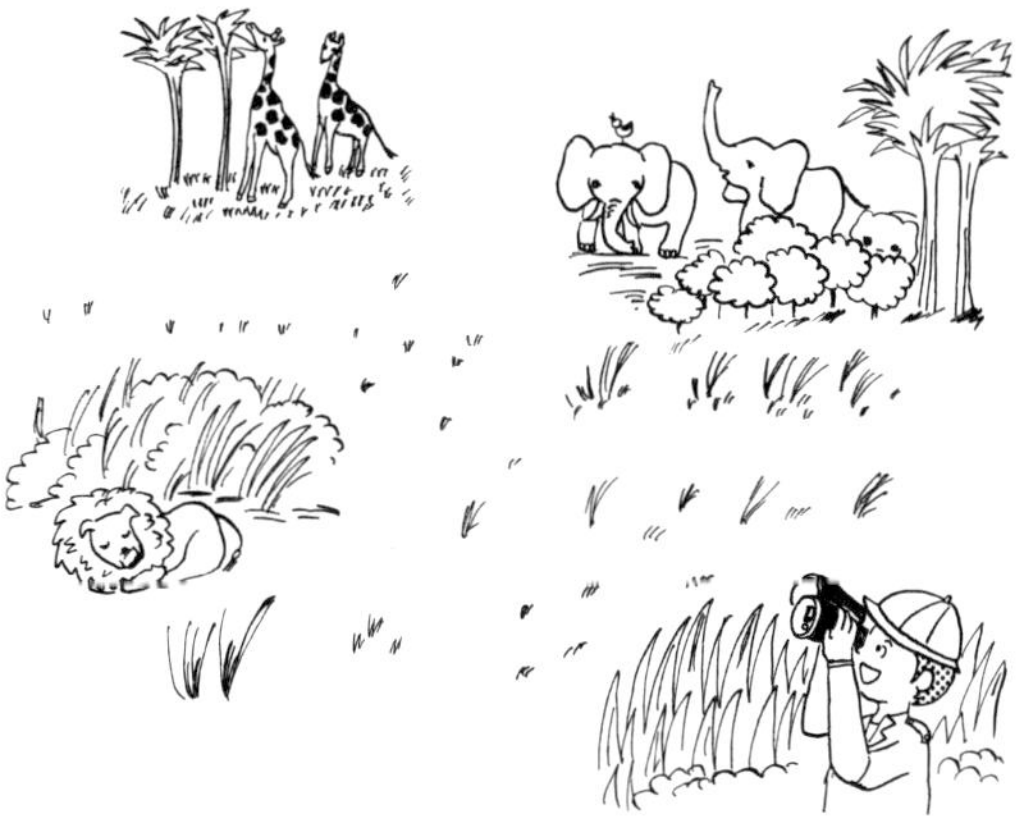

景色《けしき》

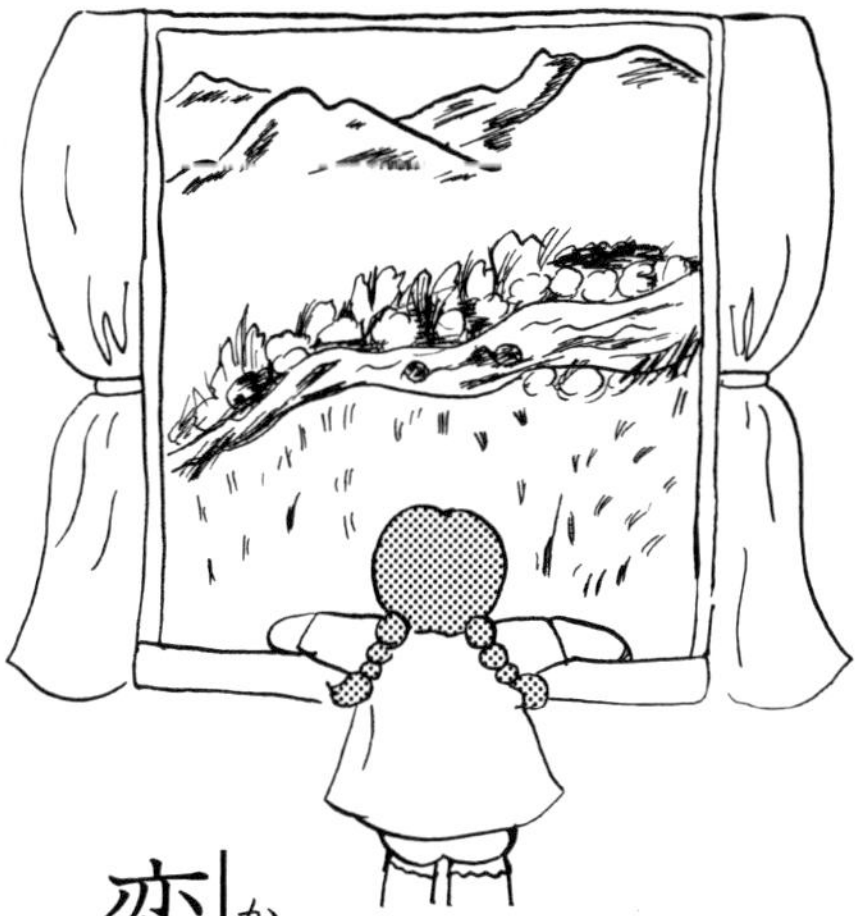

最高《さいこう》

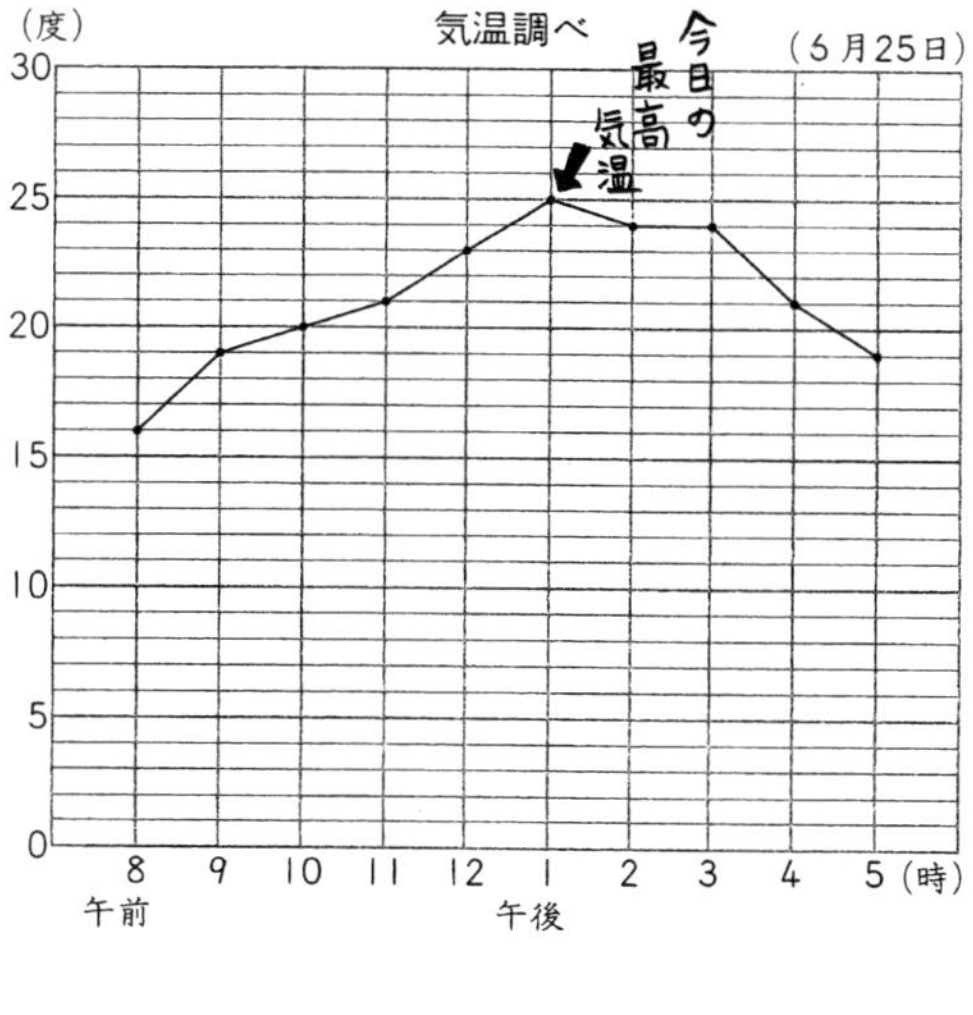

変《か》わる

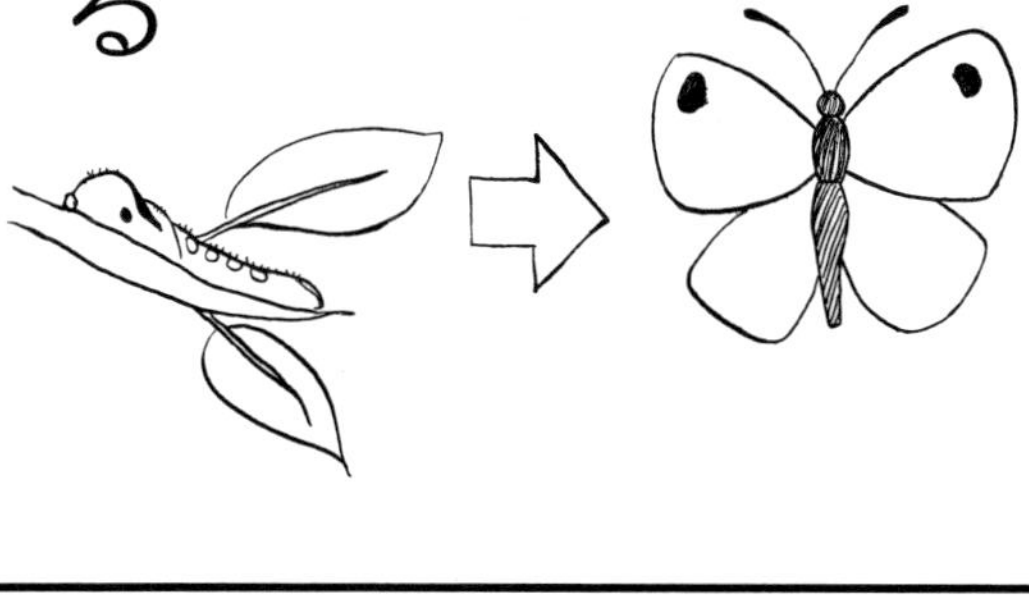

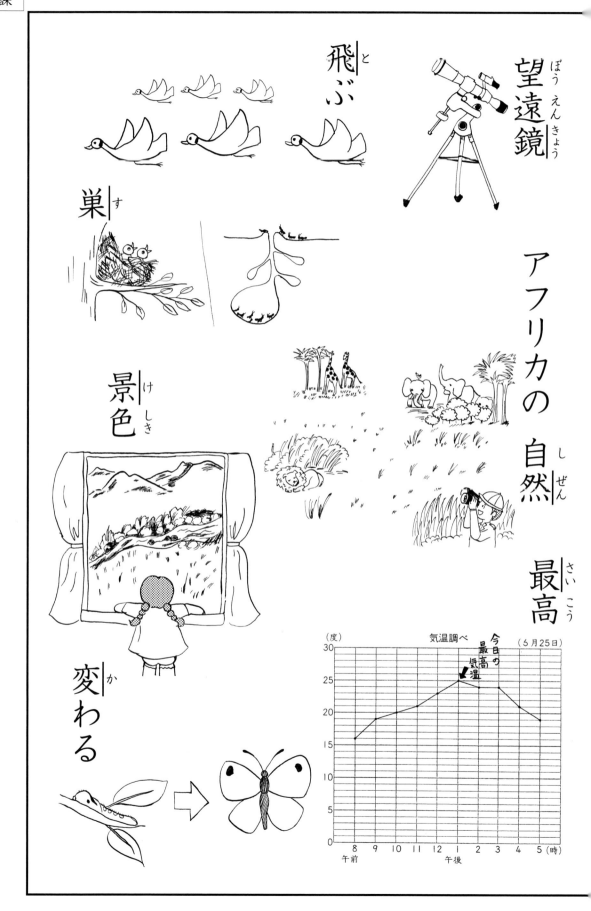

(　　)巣
(　　)根

(　　)赤色
(　　)景色

(　　)広い
(　　)冷たい

(　　)晴れ
(　　)群れ

(　　)元気
(　　)気候

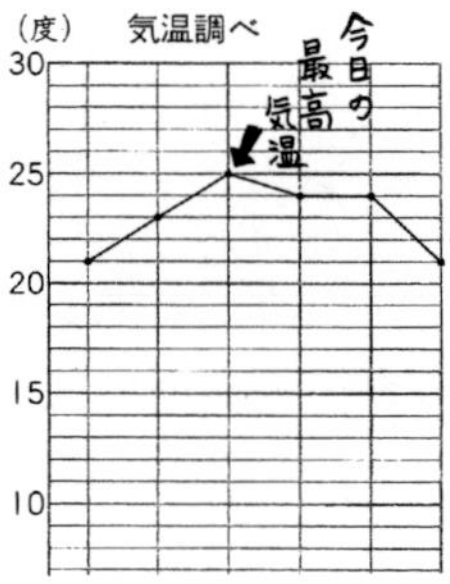

(　　)最高
(　　)最低

(　　)望遠鏡
(　　)分度器

(　　)季節
(　　)運動

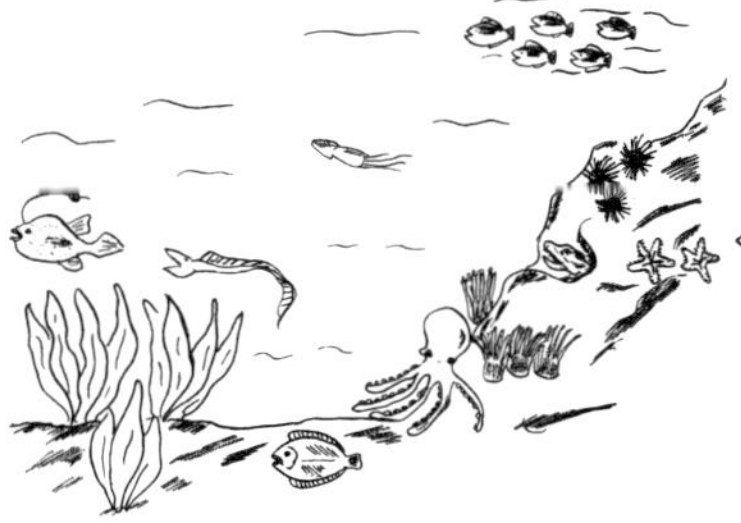

(　　)公園

(　　)海底

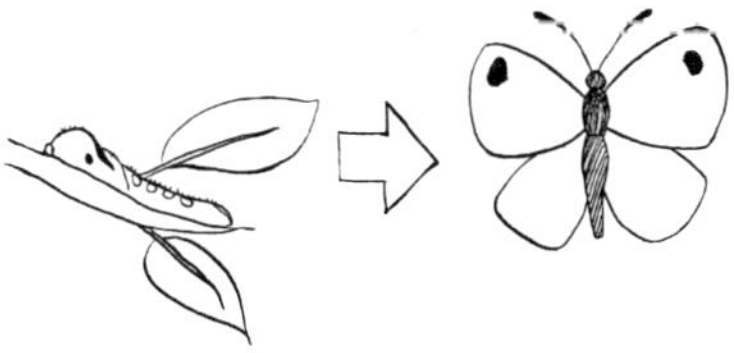

(　　)変わる

(　　)終わる

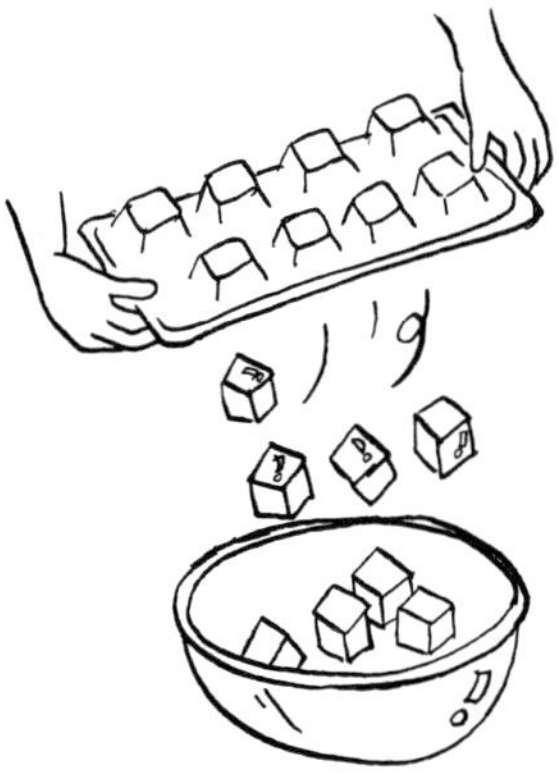

(　　)気体

(　　)固体

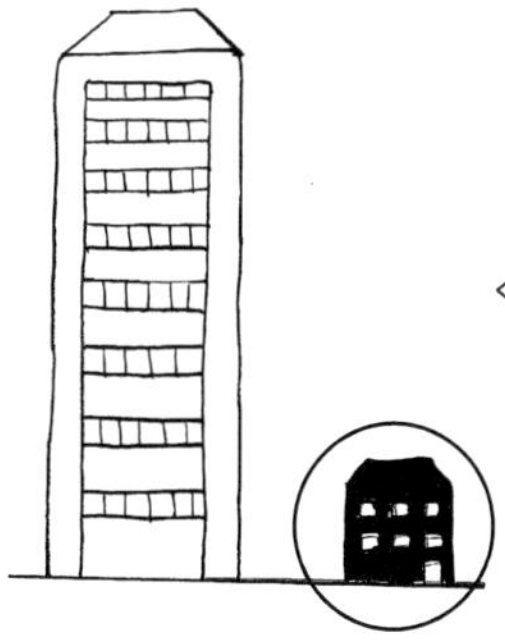

(　　)低い

(　　)高い

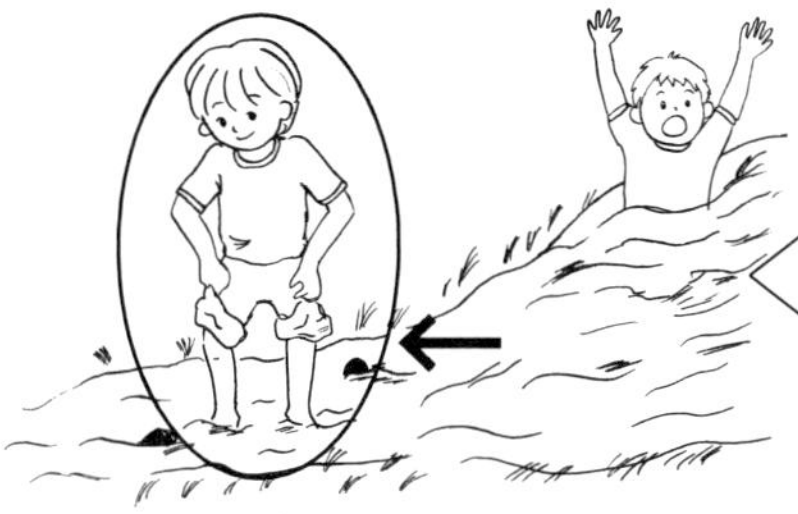

(　　)浅い

(　　)深い

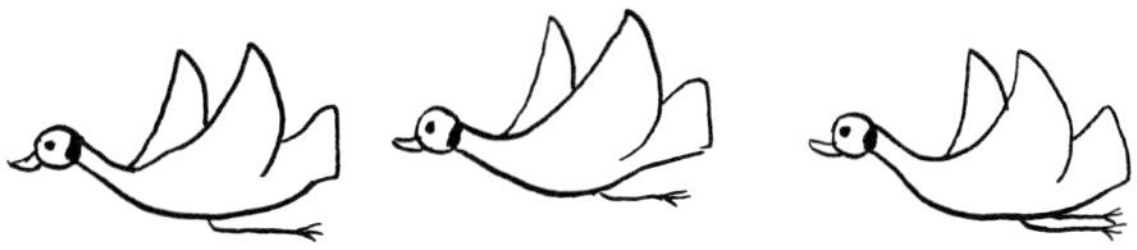

(　　)乗る

(　　)飛ぶ

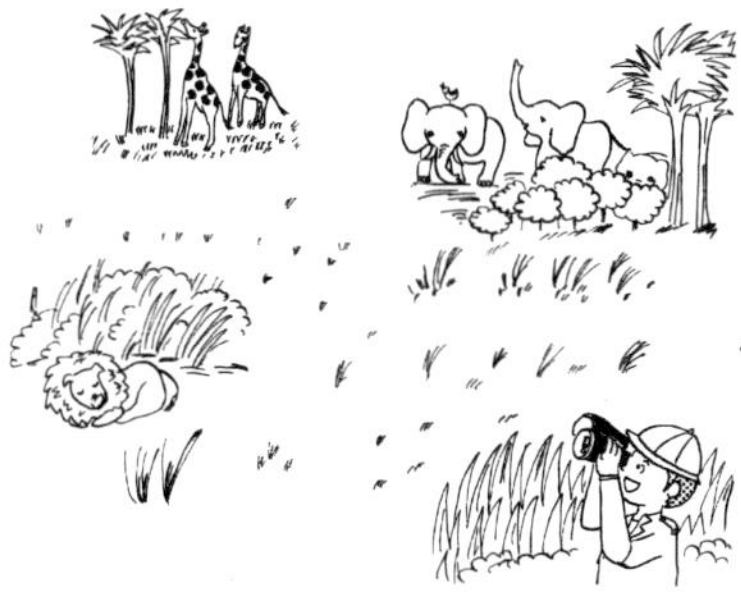

(　　)自然

(　　)自分

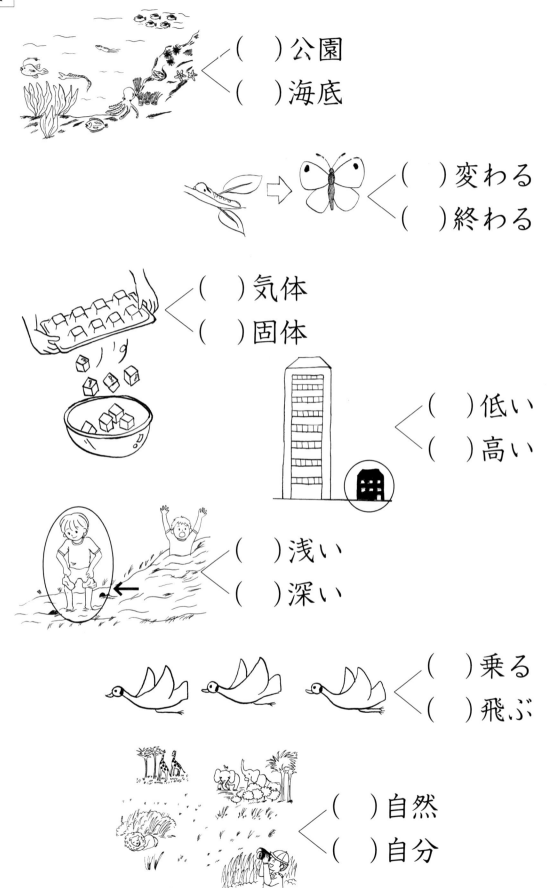

【読み練習】

1. わたしたちの　町には　林や　山や　川が　ある。
自然が　たくさん　あって、すばらしい。
2. 日本の　気候は　夏は　暑くて、冬は　寒い。
3. 日本には　季節が　四つ　ある。　春と　夏と　秋と　冬です。
4. ふじ山の　上から　見た　景色は　すばらしかった。
5. わたしの　家の　後ろに　低い　山が　あります。
6. 春に　なると、雪が　とけて　冷たい　水が　流れてくる。
7. 夏休みに　浅い川で　水遊びを　した。
8. 毎年　ぼくの　家に　つばめが　飛んで来て、巣を　作る。

自《ジ》分
自《シ》然

山《やま》
ふじ山《サン》

色《いろ》
景色《シキ》

9. 望遠鏡で 鳥の 数を 数えた。

10. きのうの 最高気温は 三十六度でした。

11. 空気は 気体です。氷は 固体です。

12. 海底に もぐると、魚の 群れが 見られます。

13. 秋に なると、葉が 黄色に 変わります。

高い《たか》
最高《コウ》

海《うみ》
海《カイ》底

「かまえ」の 名前

門（もんがまえ） 聞 関

口（くにがまえ） 国 固

十二課

植物《しょくぶつ》

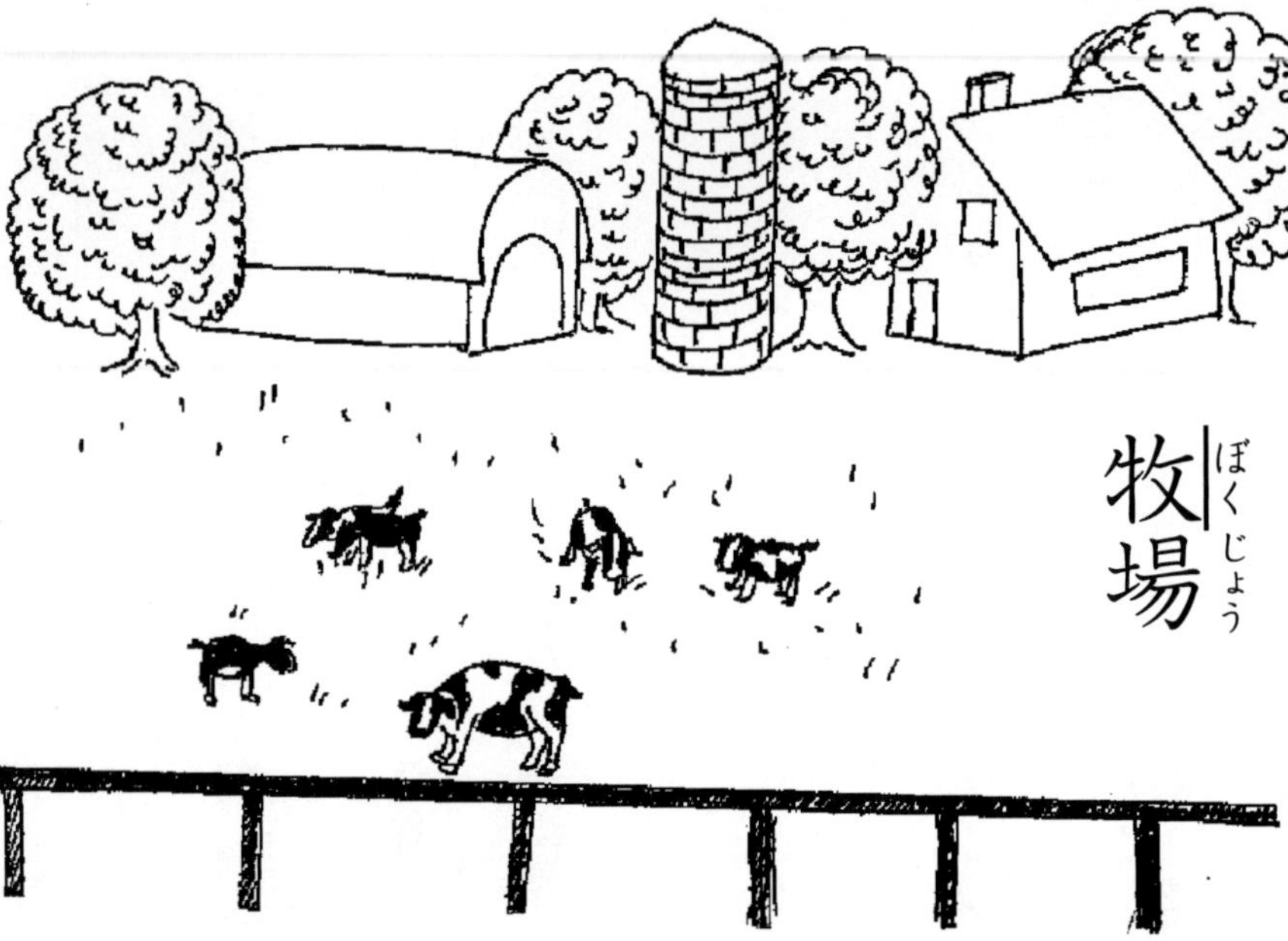

牧場《ぼくじょう》

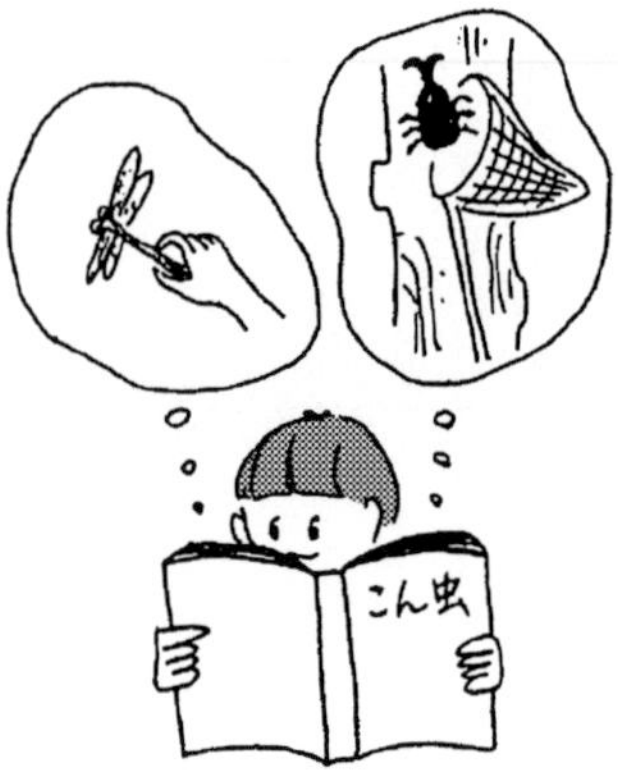

方法《ほうほう》

こん虫《ちゅう》を とる

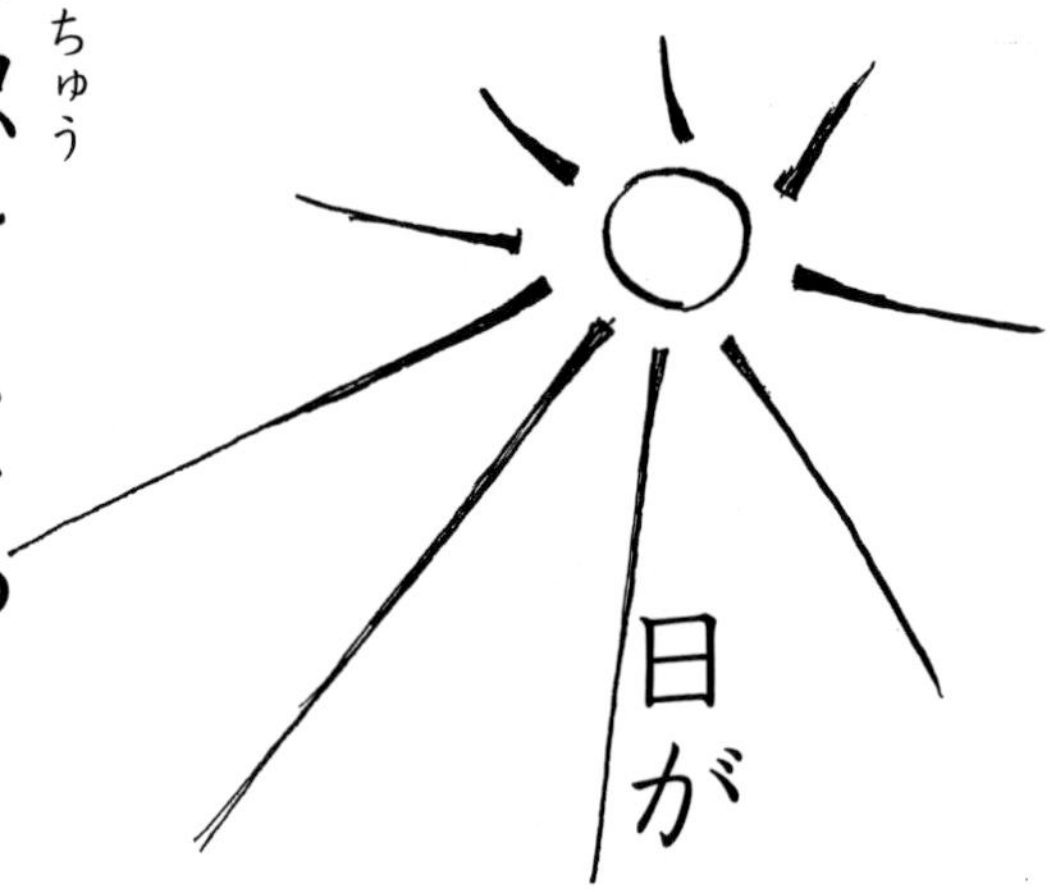

日が 照《て》る

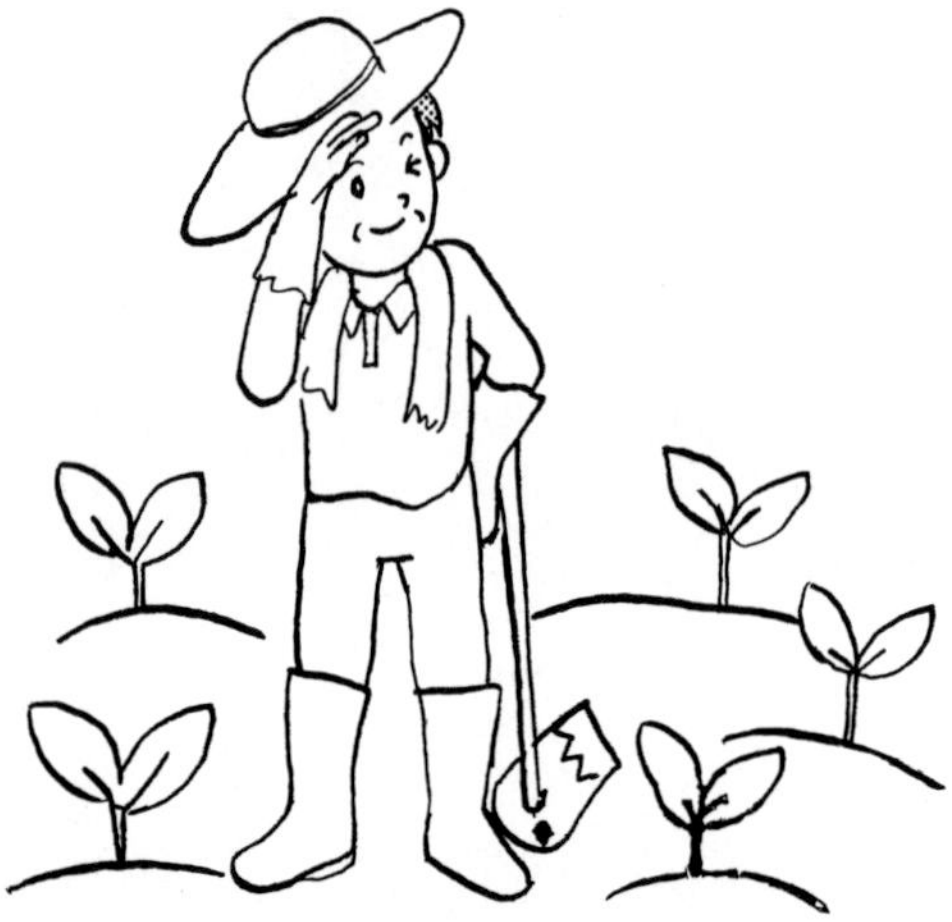

芽《め》

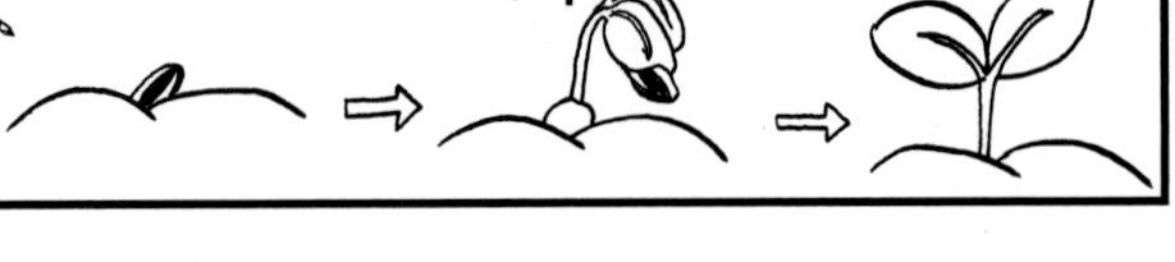

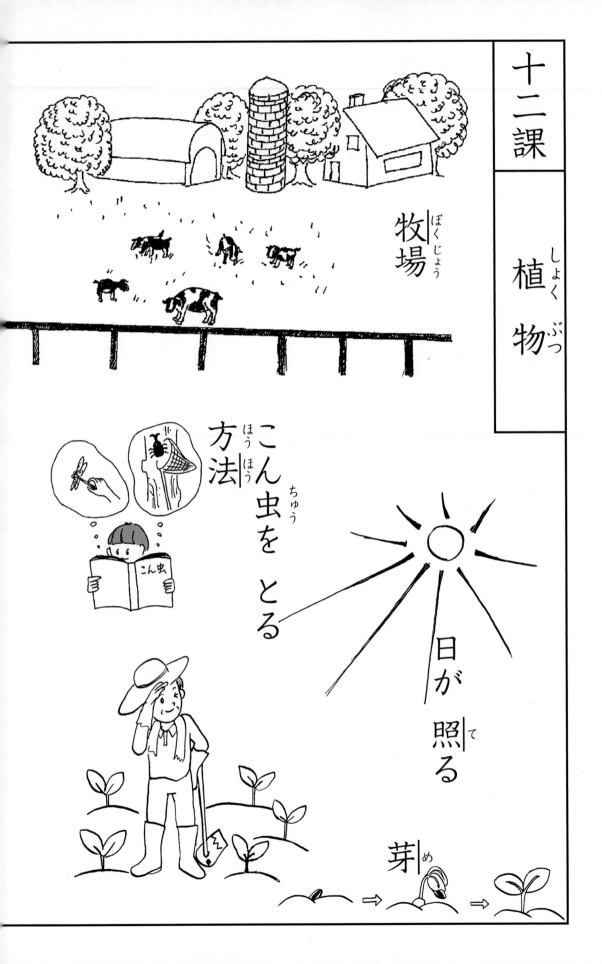

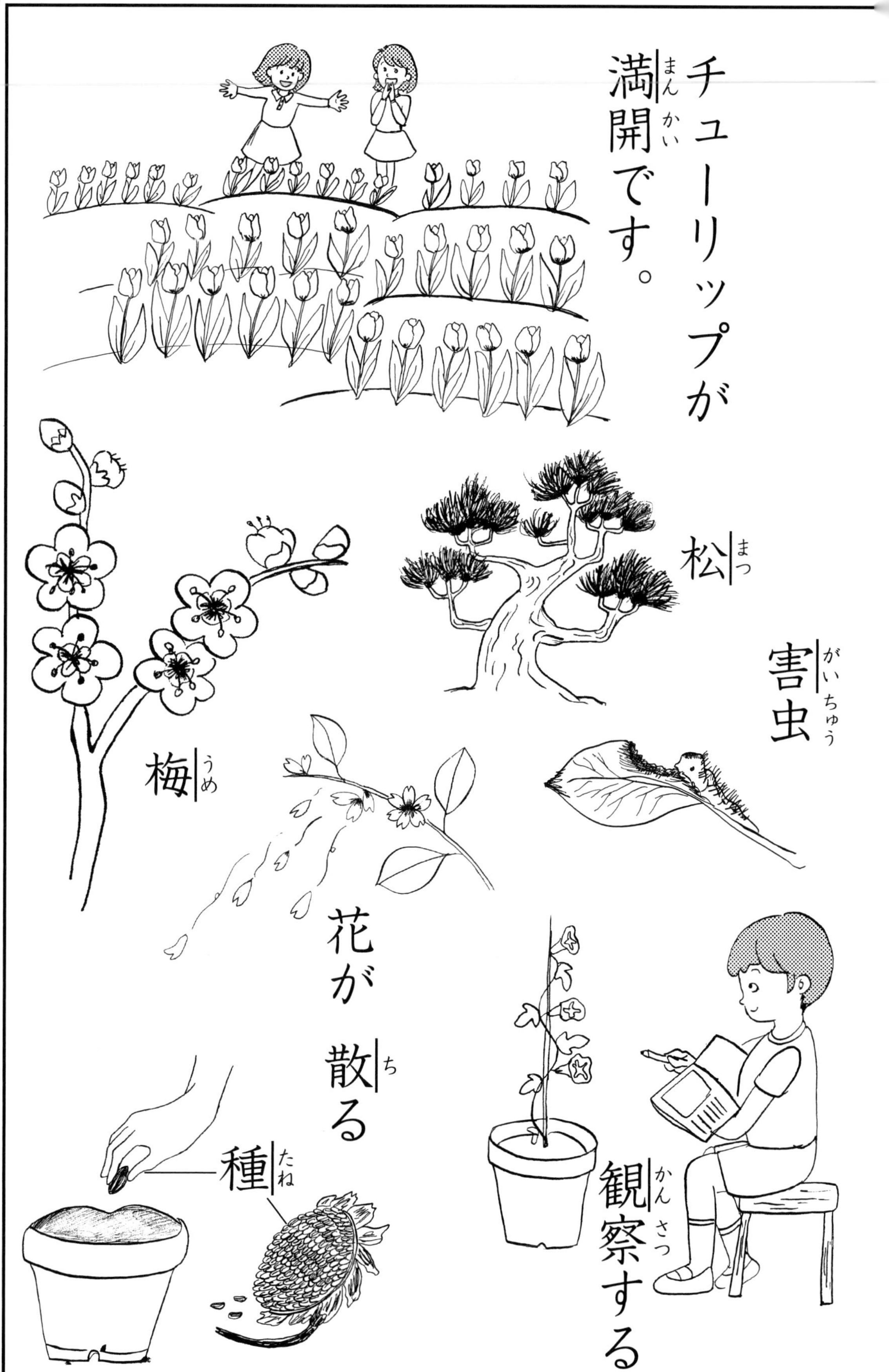
チューリップが満開《まんかい》です。
松《まつ》
害虫《がいちゅう》
梅《うめ》
花が散《ち》る
種《たね》
観察《かんさつ》する

(　　)

(　　)

(　　)

(　　)

(　　)

(　　)

一　松
二　観察
三　梅
四　花が散る
五　害虫
六　満開

(　　)

(　　)

(　　)

(　　)

こん虫を　とる(　　　)を　教えてください。

一　芽
二　日が　照る
三　方法
四　牧場
五　種

【読み練習】

1. 海の　近くに　松の　林が　あります。
2. お母さんが　梅の　実で　ジュースを　作りました。
3. さくらの　花が　満開ですから、お花見に　行きましょう。
4. こん虫さい集の　方法を　教えてもらいました。
5. きのう　強い　風が　ふいて、さくらの　花が　散りました。
6. 牧場で　牛にゅうを　飲んだら　おいしかったです。

虫《むし》
こん虫《ちゅう》

集《あつ》める
さい集《シュウ》

ひまわりの　観察日記

五月一日に　ひまわりの　種を　まきました。
そして　ロープで　かこみました。
五月十五日に　芽が　出ました。
六月に　花が　さきました。　害虫が　たくさん　いたので、
ころしました。
八月に　日光《にっこう》が　よく　照ったので、　とても　大きくなりました。
九月に　種を　とりました。

十三課

社会《しゃかい》(一)

戦争《せんそう》

兵隊《へいたい》

ナポレオンは軍人《ぐんじん》でした。

城《しろ》

博物館《はくぶつかん》

発達《はったつ》

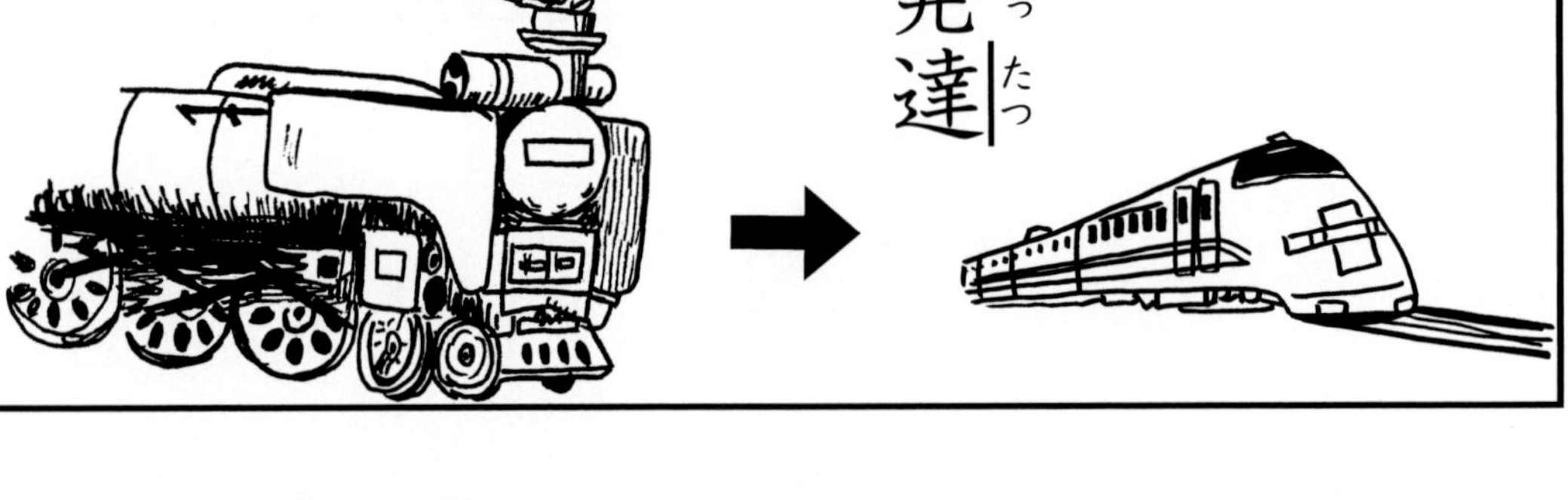

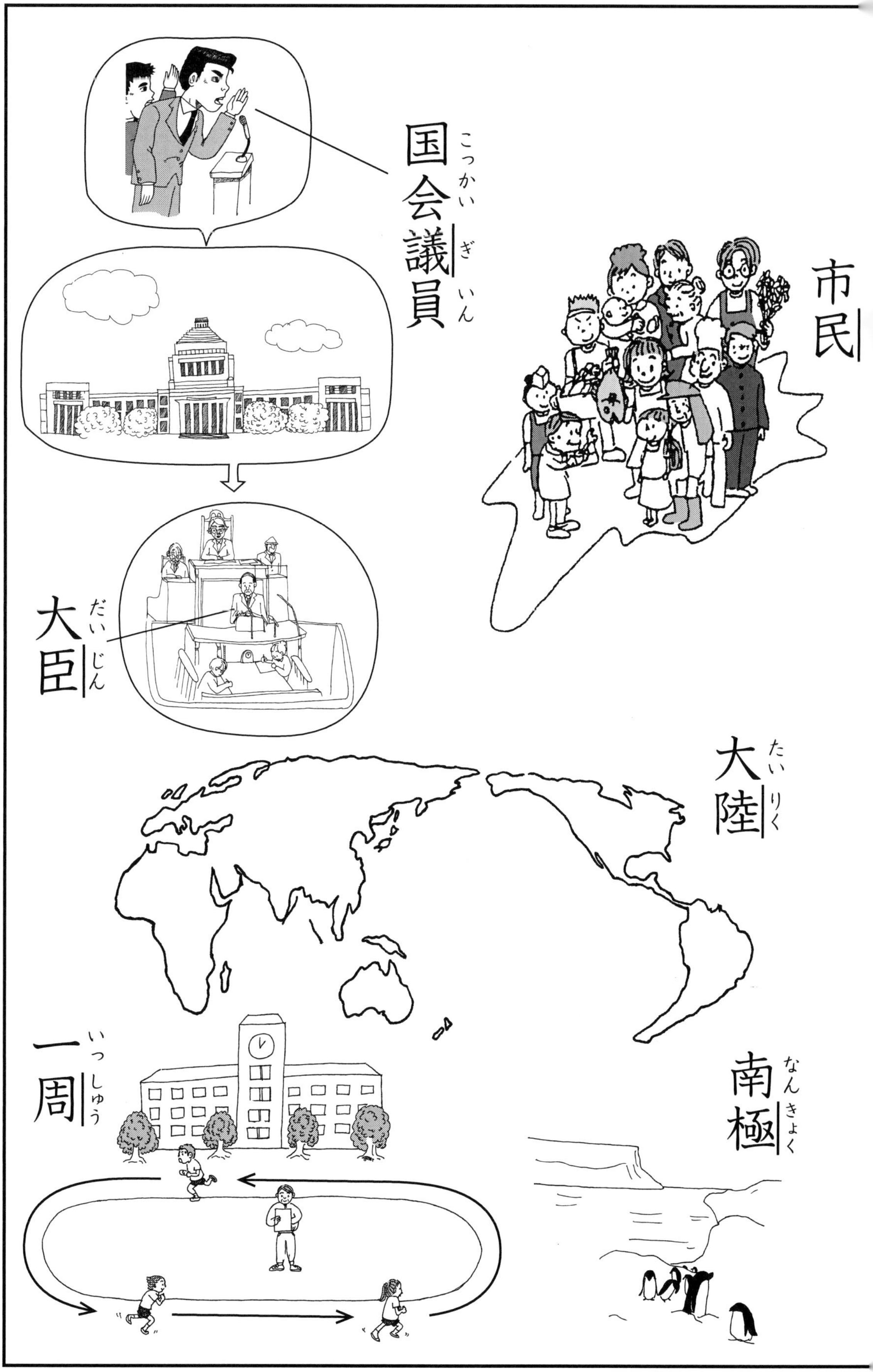
国会《こっかい》議《ぎ》員《いん》
市民
大臣《だいじん》
大陸《たいりく》
一周《いっしゅう》
南極《なんきょく》

(　　　　)

(　　　　)

(　　　　)

(　　　　)

(　　　　)

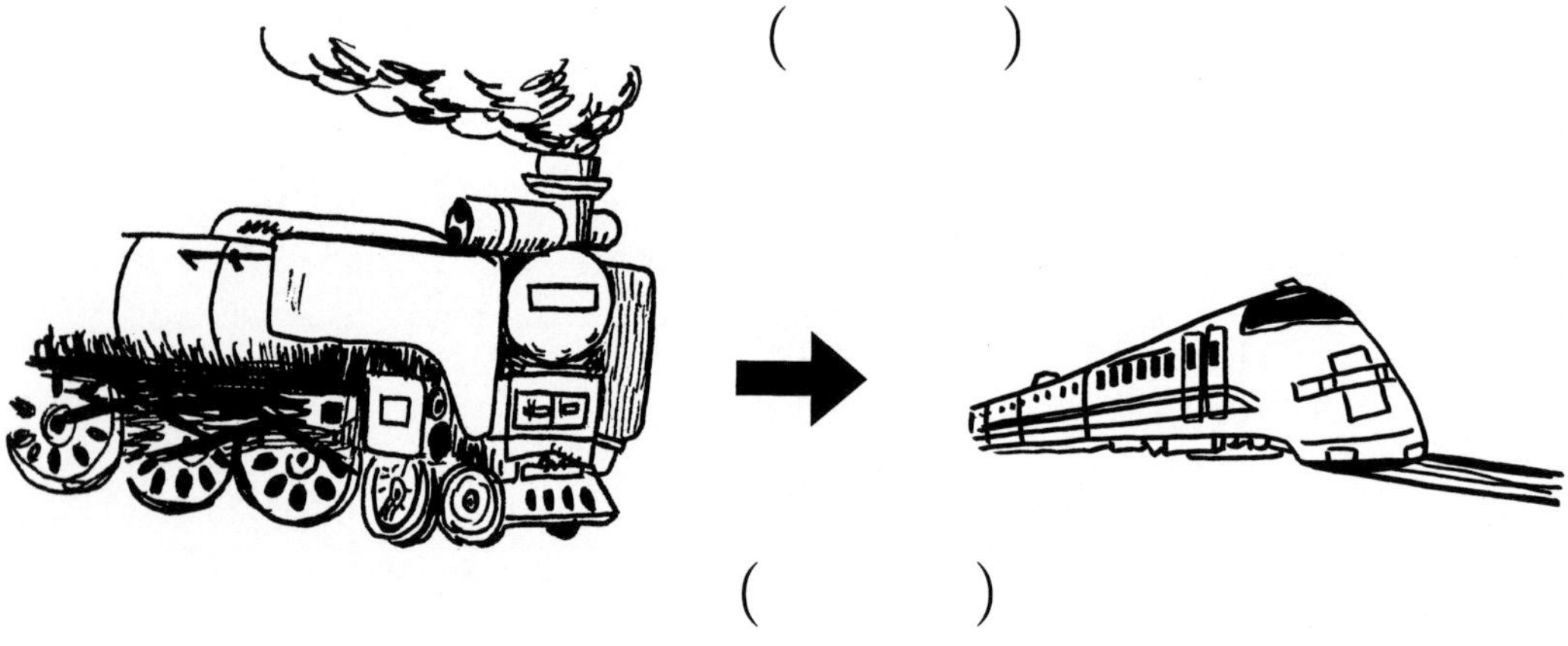

(　　　　)

①兵隊	②軍人	③博物館
④戦争	⑤城	⑥発達

(　　)

(　　)

(　　)

(　　)

(　　)

(　　)

①一周	②大臣	③大陸
④市民	⑤南極	⑥国会議員

【読み練習】

1. ナポレオンは　有名な　軍人でした。
たくさんの　兵隊を　つれて　戦争に　行きました。
2. これは、戦国《せんごく》時代に　建てられた　城です。
3. 博物館で　昔の　服そうを　見ました。
4. 自動車の　発明で、交通が　発達しました。
5. お兄さんは「夏休みに　自動車で　日本一周したい」と　言っています。
6. 南極は　大陸ですが、北極は　大陸ではありません。
7. 大きくなったら、大臣に　なって　もっと　国を　よくしたいです。
8. 八月に　市民の　お祭りが　あります。
9. おじさんは　国会議員です。

見る《み》
発見《ケン》

部首（へん）（5）

「へん」の　名前

方（かたへん）　旅　放

部首（たれ）

「たれ」は　漢字の　上と　左下が　つながっているものを　いいます。

「たれ」の　名前

广（まだれ）　広　底

部首（つくり）

「つくり」は　漢字の　右側の　部分の　ことを　いいます。

「つくり」の　名前

力（ちから）　功　助

刂（りっとう）　利　別

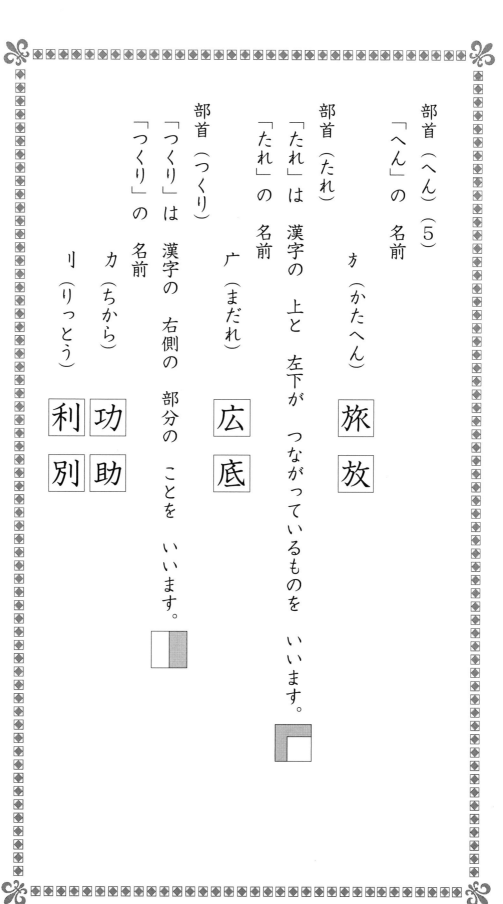

十四課

社会《しゃかい》(二)

通信《つうしん》

貨物《かもつ》

商店街《しょうてんがい》

漁業《ぎょぎょう》

機械《きかい》

公共《こうきょう》の乗り物

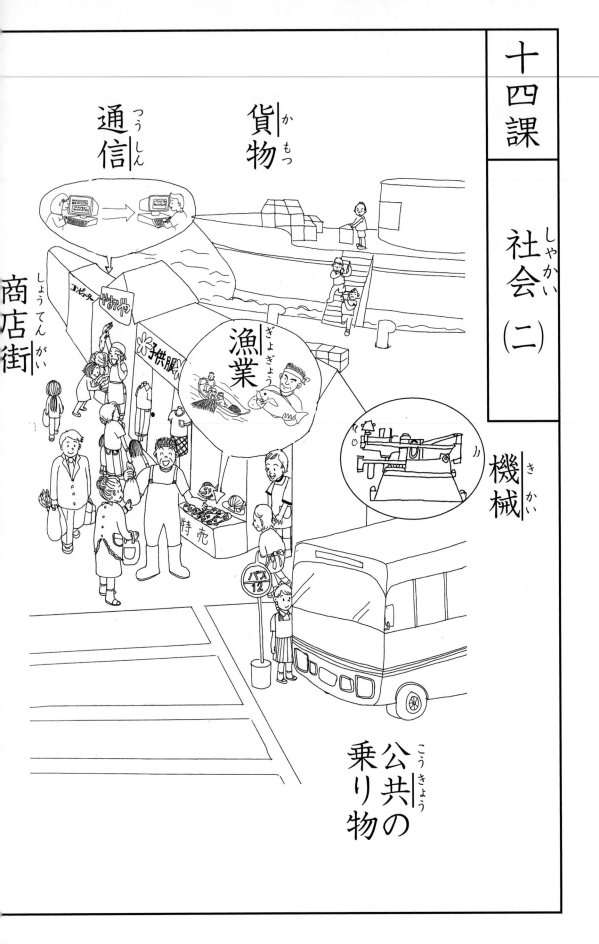

花の種類《しゅるい》

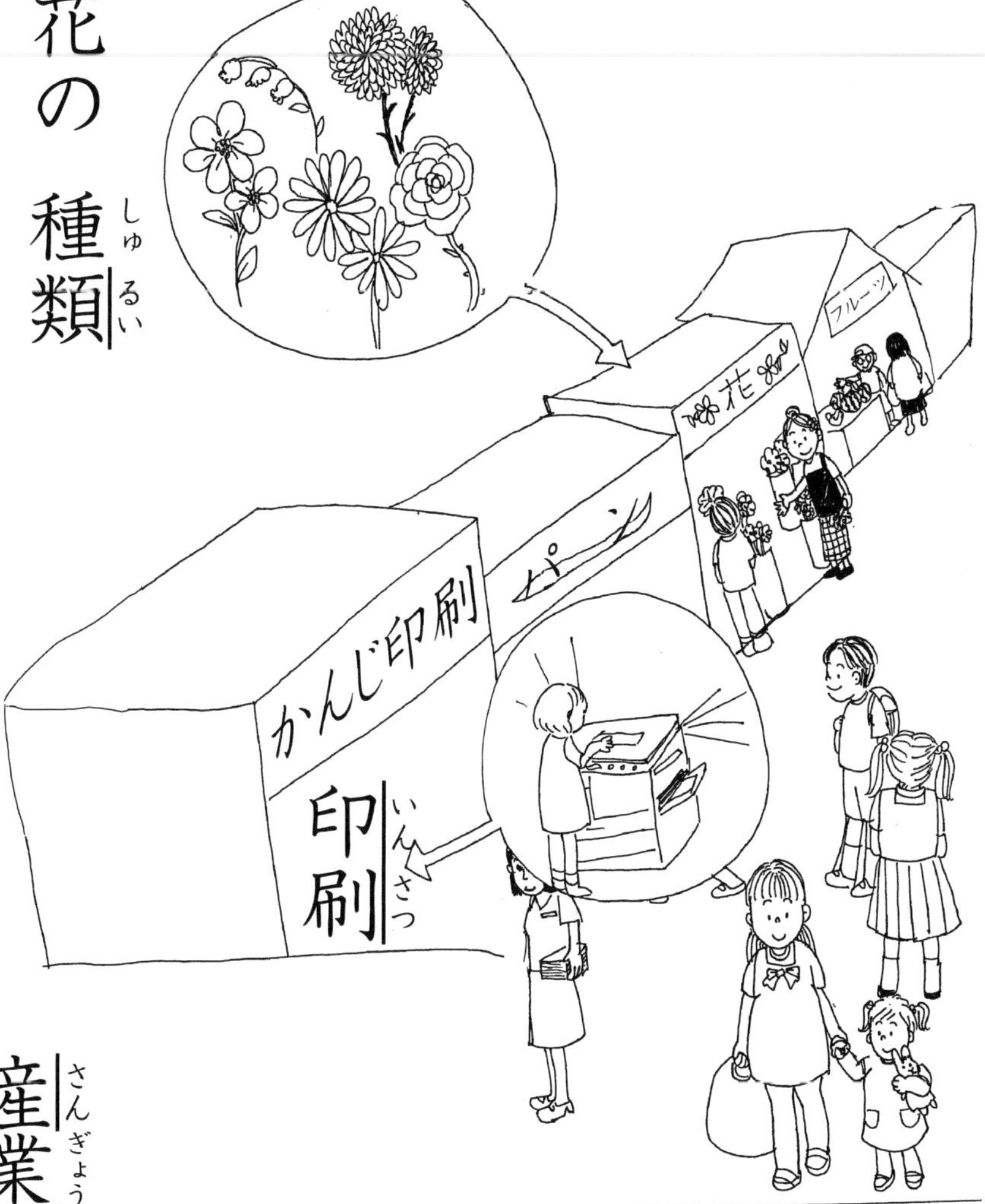

印刷《いんさつ》

産業《さんぎょう》

商店街　・　　・ 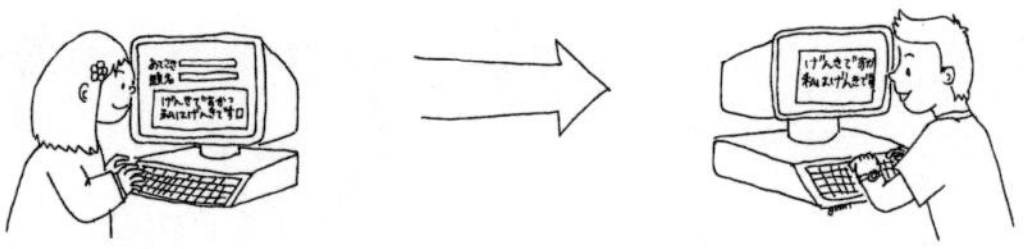

通信　・　　・ 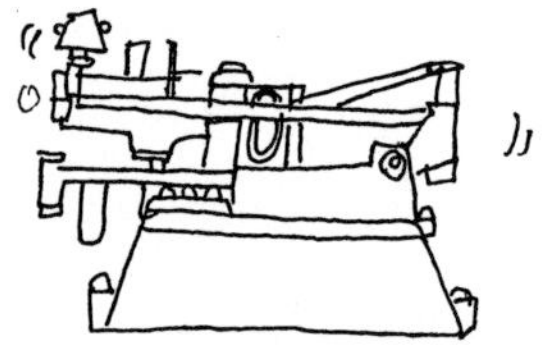

公共の乗り物　・　　・ 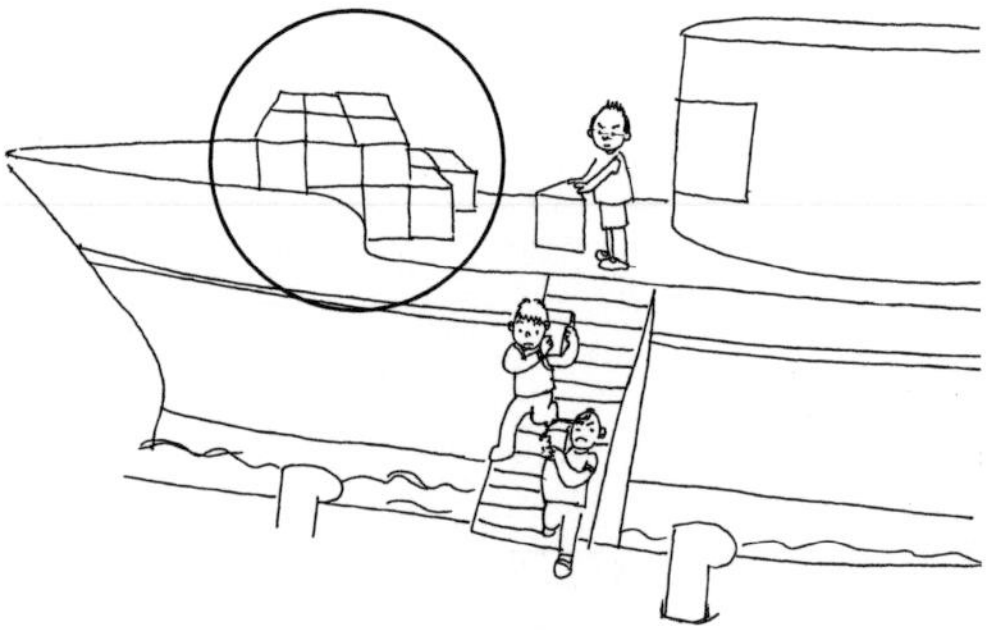

機械　・　　・ 

貨物　・　　・ 

・　・漁業

・　・産業

・　・花の　種類

・　・印刷

【読み練習】

1. 通信は　手紙や　電話や　メールを　使って　知らせることです。

2. 学校で　印刷する　機械を　買いました。
一回で　百まい　印刷できます。

3. 電車、バス、タクシーは　公共の　乗り物です。

4. 商店街は　夕方に　なると　にぎやかに　なります。

5. 産業には　いろいろな　種類が　あります。農業、漁業、工業、商業などです。

6. 工場で　作った　物を　貨物列車《れっしゃ》で　運びます。

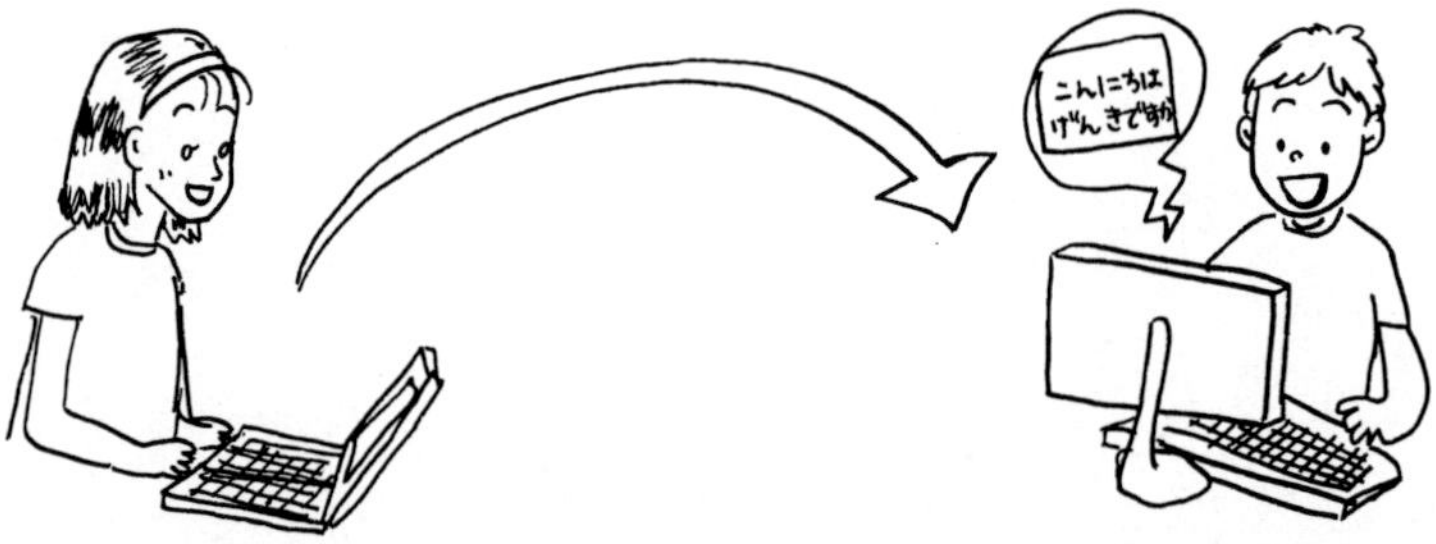

種《たね》
種《シュ》類

運《ウン》動会
運《はこ》ぶ

クイズ（五）　線で　むすんで　正しい　ことばを作って　（　　）の　中に　読み方を書きましょう。

例 6	5	4	3	2	1
老	未	希	科	協	材
⑥	⑤	④	③	②	①
来	人	目	料	望	力
（　）	（ろうじん）	（　）	（　）	（　）	（　）

12	11	10	9	8	7
氏	投	以	工	血	説
⑫	⑪	⑩	⑨	⑧	⑦
名	下	夫	明	票	管
（　）	（　）	（　）	（　）	（　）	（　）

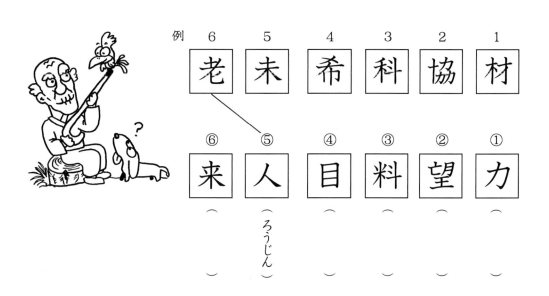

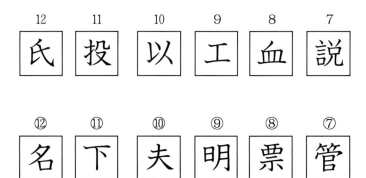

十五課　日本地図（都道府県）

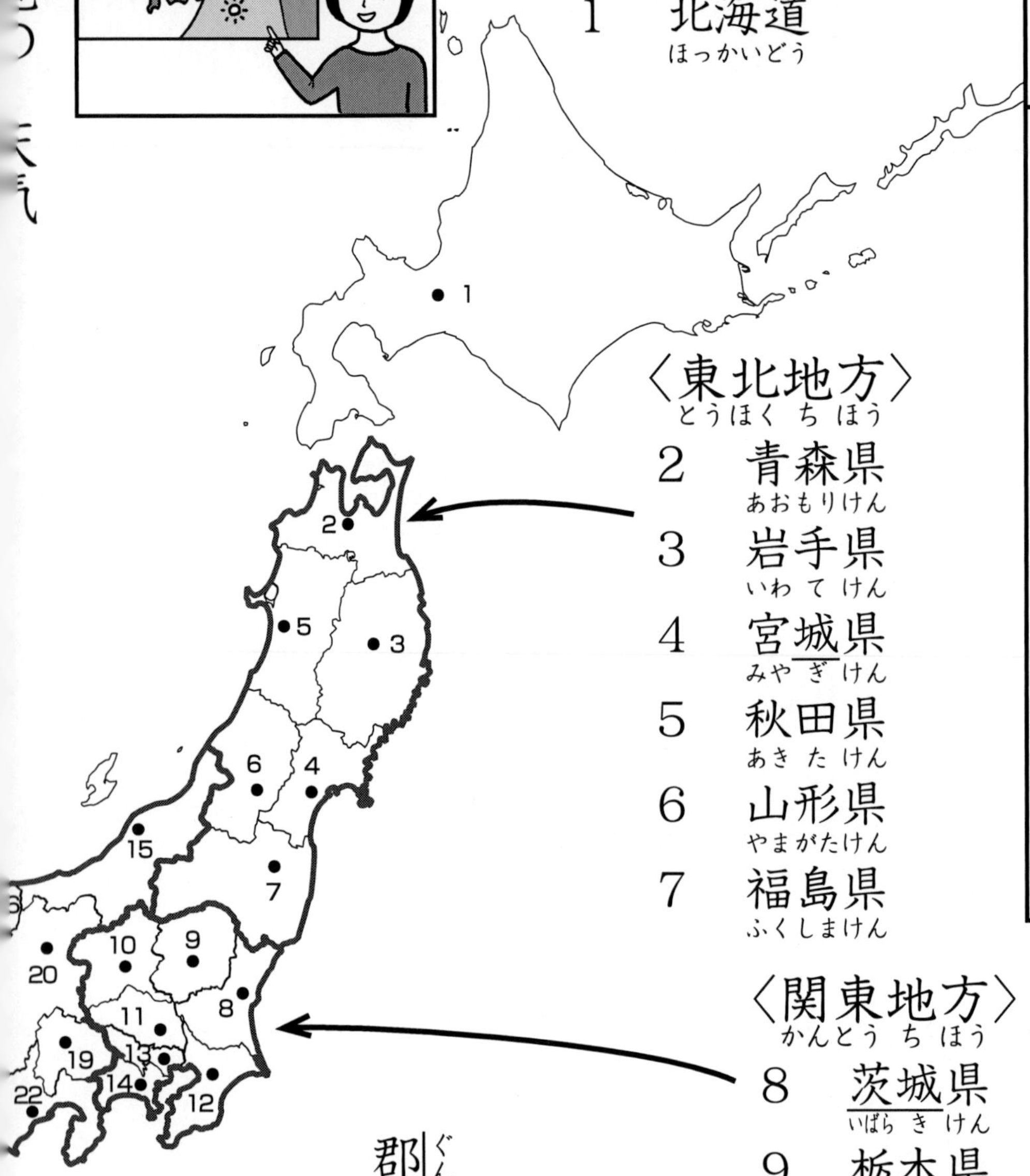

〈北海道地方《ほっかいどうちほう》〉

1　北海道《ほっかいどう》

〈東北地方《とうほくちほう》〉

2　青森県《あおもりけん》

3　岩手県《いわてけん》

4　宮城県《みやぎけん》

5　秋田県《あきたけん》

6　山形県《やまがたけん》

7　福島県《ふくしまけん》

〈関東地方《かんとうちほう》〉

8　茨城県《いばらきけん》

9　栃木県《とちぎけん》

10　群馬県《ぐんまけん》

11　埼玉県《さいたまけん》

12　千葉県《ちばけん》

13　東京都《とうきょうと》

14　神奈川県《かながわけん》

郡《ぐん》

（東京都西多摩郡《にしたまぐん》）

〈四国地方《しこくちほう》〉

36　香川県《かがわけん》

37　徳島県《とくしまけん》

38　愛媛県《えひめけん》

39　高知県《こうちけん》

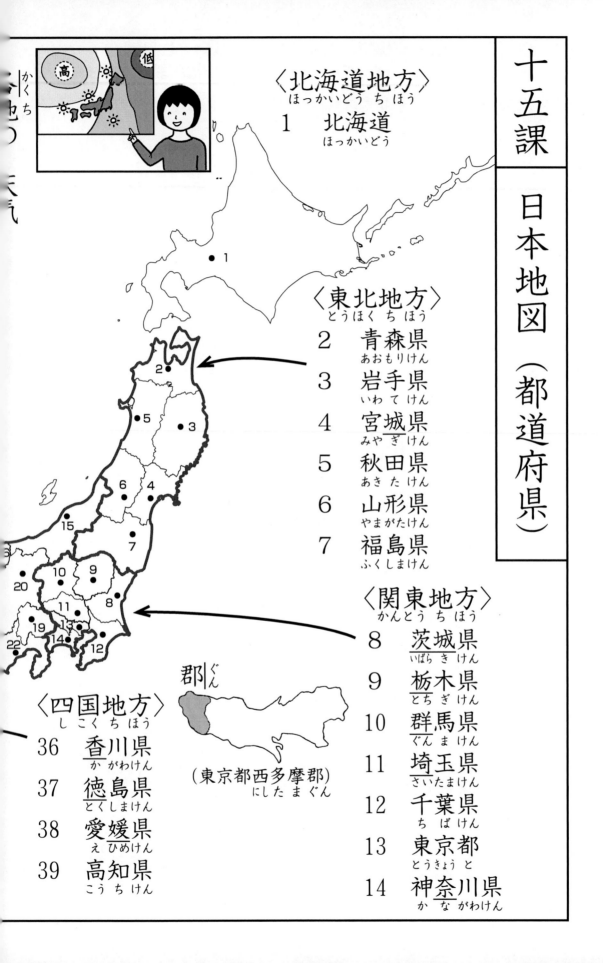

〈中部地方《ちゅうぶちほう》〉

15　新潟《にいがた》県《けん》
16　富山《とやま》県《けん》
17　石川《いしかわ》県《けん》
18　福井《ふくい》県《けん》
19　山梨《やまなし》県《けん》
20　長野《ながの》県《けん》
21　岐阜《ぎふ》県《けん》
22　静岡《しずおか》県《けん》
23　愛知《あいち》県《けん》

〈近畿地方《きんきちほう》〉

24　三重《みえ》県《けん》
25　滋賀《しが》県《けん》
26　京都《きょうと》府《ふ》
27　大阪《おおさか》府《ふ》
28　兵庫《ひょうご》県《けん》
29　奈良《なら》県《けん》
30　和歌山《わかやま》県《けん》

〈中国地方《ちゅうごくちほう》〉

31　鳥取《とっとり》県《けん》
32　島根《しまね》県《けん》
33　岡山《おかやま》県《けん》
34　広島《ひろしま》県《けん》
35　山口《やまぐち》県《けん》

〈九州地方《きゅうしゅうちほう》〉

40　福岡《ふくおか》県《けん》
41　佐賀《さが》県《けん》
42　長崎《ながさき》県《けん》
43　熊本《くまもと》県《けん》
44　大分《おおいた》県《けん》
45　宮崎《みやざき》県《けん》
46　鹿児島《かごしま》県《けん》
47　沖縄《おきなわ》県《けん》

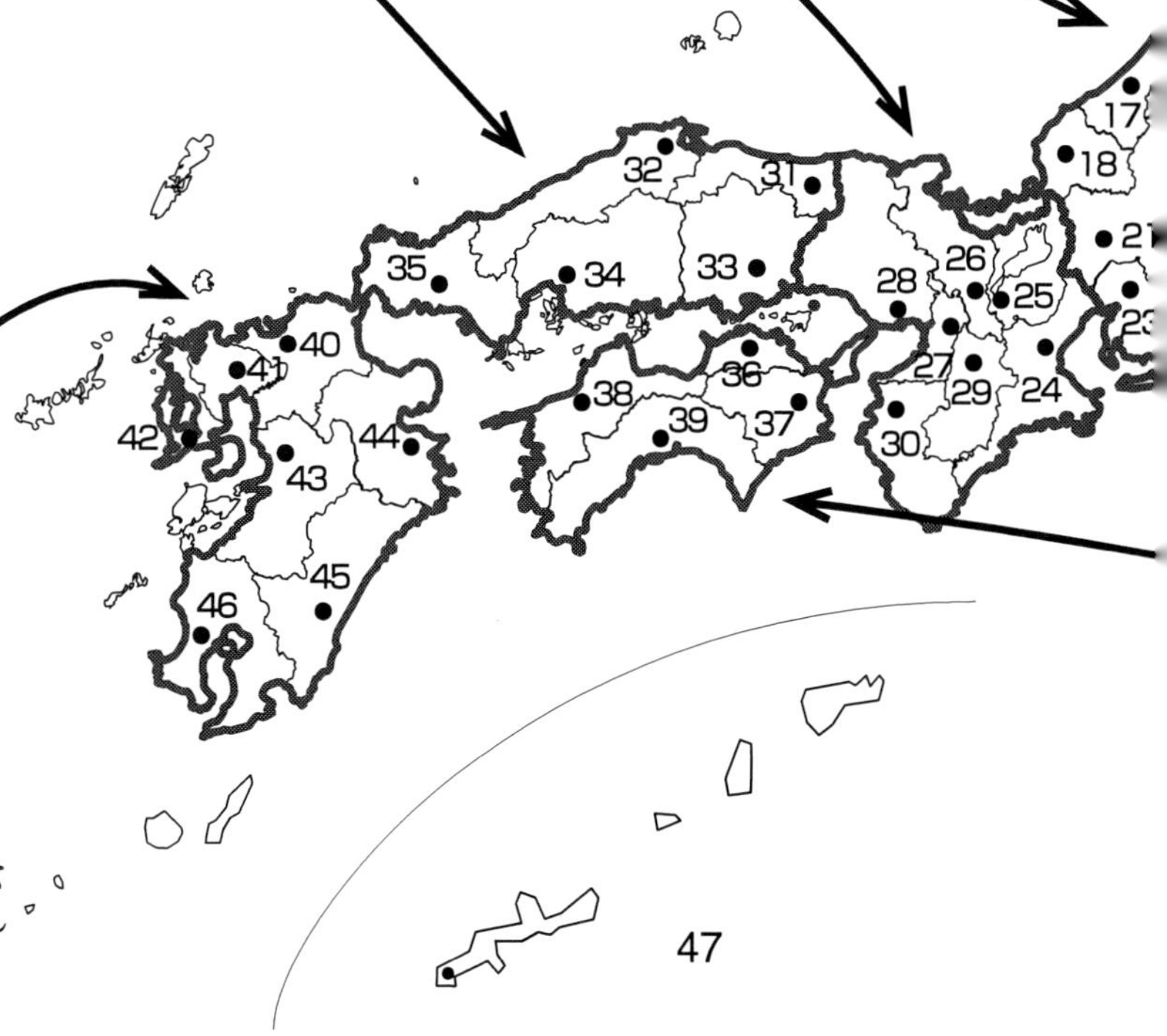

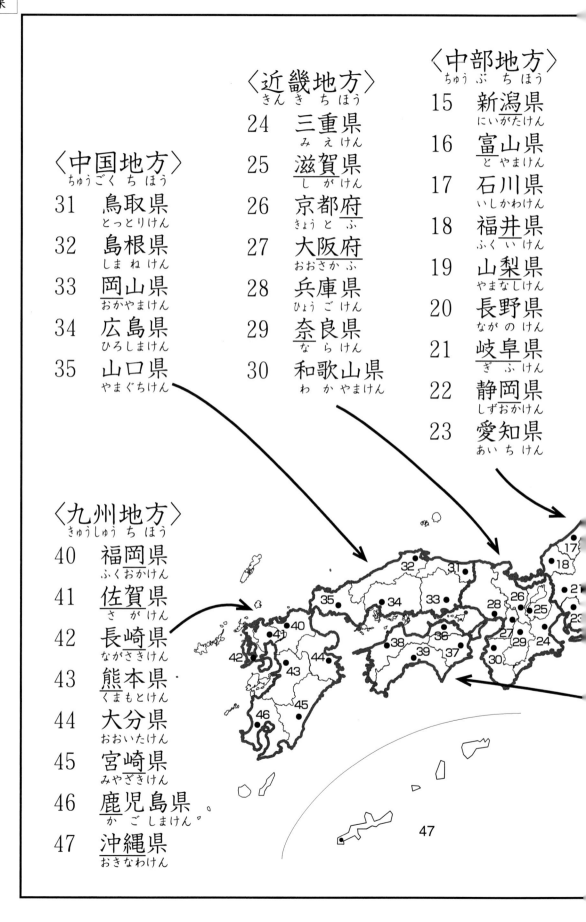

【読み練習】

1. 日本には　一都一道二府四十三県が　あります。府は　京都府と　大阪府です。

2. 東京都には　区が　二十三、市が　二十六、そして　郡が　ひとつ　あります。

3. 社会見学に　行きます。各グループで　記録を　取りましょう。

＊＿＿＿＿の　下に　ひらがなを　書きましょう。

（読み方が　わからなかったら、P85-86の　地図を　見てもいいです。）

＜北海道地方＞

1　北海道

＜東北地方＞

2　青森県

3　岩手県

4　宮城県

5　秋田県

6　山形県

7　福島県

＜関東地方＞

8　茨城県

9　栃木県

10　群馬県

11　埼玉県

12　千葉県

13　東京都

14　神奈川県

＜中部地方＞

15　新潟県

16　富山県

17　石川県

18　福井県

19　山梨県

20　長野県

21　岐阜県

22　静岡県

23　愛知県

＜近畿《き》地方＞

24　三重県

25　滋賀県

26　京都府

27　大阪府

28　兵庫県

29　奈良県

30　和歌山県

＜中国地方＞

31　鳥取県

32　島根県

33　岡山県

34　広島県

35　山口県

＜四国地方＞

36　香川県

37　徳島県

38　愛媛県

39　高知県

＜九州地方＞

40　福岡県

41　佐賀県

42　長崎県

43　熊本県

44　大分県

45　宮崎県

46　鹿児島県

47　沖縄県

書き学習

一課 生活(一)

6

衣《い》

亠 𠆢 衣

衣服

洋服も 着物も 衣服です。

10

帯《おび》

一 卌 卌 卌 帯

帯

着物の 帯は 長いです。

7

束《たば》

一 𠮛 申 束

束

友だちに 花束を あげます。

6

灯《とう》

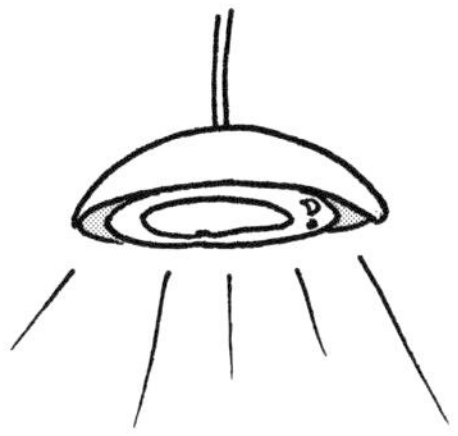

電灯

火 灯 灯

電灯が つきました。

13

働《はたら》く

働く

亻 佰 俥 偅 働

お母さんは 本屋で 働いています。

13

置《お》く

置く

罒 罒 置 置

つくえの 上に 箱を 置きました。

5

包《つつ》む

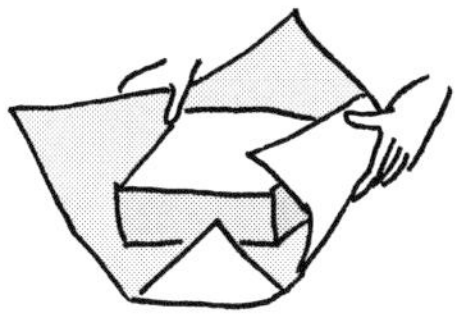

包む

ノ 勹 匂 包

きれいな 紙で 包みます。

10	9
浴びる　あ	昨　さく

浴びる

氵 氵' 氵' 浴 (stroke order)

昨夜

日 旷 昨 昨 (stroke order)

暑いので、シャワーを 浴びます。

「昨夜」は 「きのうの ばん」の ことです。

【書き練習】

1. □□《きょねん》の ことを □□《さくねん》とも 言うんだよ。

2. おふろに □《はい》るより シャワーを □《あ》びる ほうが 好《す》きです。

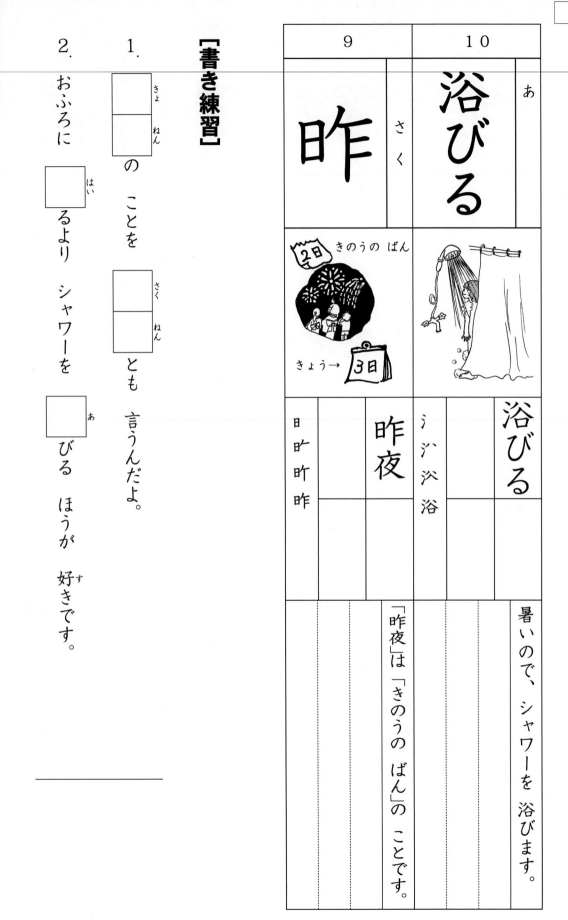

3. ひこうきから　見ると、川が　□《おび》のように　見えます。

4. 世界には　いろいろな　形の　□《い》□《ふく》が　あって、おもしろいな。

5. 「ひろ子、ランドセルは　ろうかに　□《お》かないで。」「はあい。」

6. 昔は　電□《とう》が　なかったので、夜は　真《ま》っ暗だったそうです。

7. 先生が　けっこんするので、クラスの　みんなで　□《はな》□《たば》を　あげました。

8. おばあさんに　プレゼントを　買って、きれいな　□《かみ》で　□《つつ》んでもらいました。

9. お姉さんは　□《ぎん》□《こう》で　□《はたら》いています。

写真《シン》
真《ま》っ暗

二課 生活(二)

5

未《み》

二 キ 未

未来

未来は 月に 旅行できるかな。

6

老《ろう》

土 耂 老

老人

老人は いろいろなことを知っている。

10

孫《まご》

孑 孓 孫

孫

おじいさんと おばあさんと 孫。

7

初《はじ》めて

ラ ネ 初 初

初めて

孫が 初めて 歩いた！

15	10	11	4
選《せん》	挙《きょ》	票《ひょう》	氏《し》

選《せん》（15）

選きょ

巳巳　巽　選

選きょで 学級委員を 決める。

挙《きょ》（10）

選挙

⺍　⺍　兴　挙

三組からは 山本君が 選挙に 出た。

票《ひょう》（11）

投票

覀　覀　覀　票

だれに 投票しようかな。

氏《し》（4）

林 まゆみ

山本たかし

氏名

ノ　𠂆　氏　氏

氏名を 正しく 書く。

7	5	16
労 ろう	付 ふ	録 ろく

労働

⺍ 龸 労

「労働」は「働く」という意味だよ。

付ろく

亻 仁 付 付

この 地図は 雑誌の 付ろくだよ。

付録

亼 釒 釒ヨ 釒ヨ亅 録

五月号の 付録は 何だろう。

【書き練習】

1. □《さく》□《や》、□《はじ》めて □《なが》れ星《ぼし》を 見ました。

2. おとなに なったら □《せん》□《きょ》で □《とう》□《ひょう》が できるんだよ。

3. □《み》□《らい》は みんな 月に 旅行が できるように なるんだよ。すごいなあ。

4. この 本の □《ふ》□《ろく》に 組み立ての ロボットが ついていました。

5. お□《かあ》さんは おばあさんの 子どもです。わたしは おばあさんの □《まご》です。

6. ときどき □《ろう》人ホームへ 行って、みんなで 歌を 歌います。

7. 「□《ろう》□《どう》って どういう 意味。」「□《はたら》くと いう 意味だよ。」

{ 投《な》げる
{ 投《トウ》票

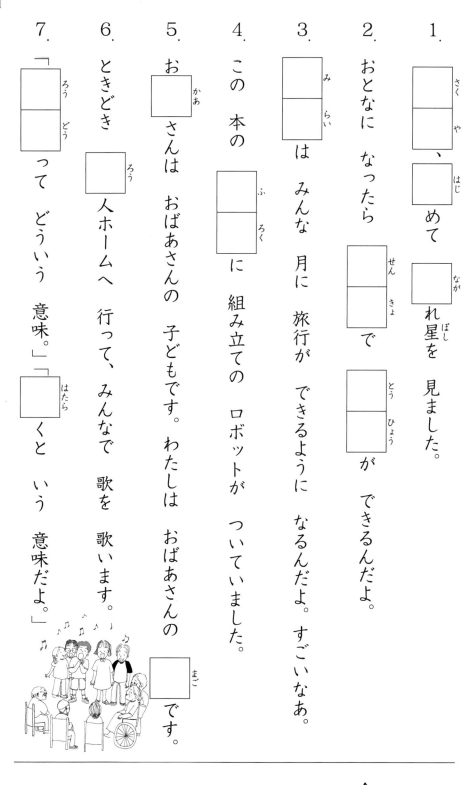

8. □《すい》□《えい》□《きょう》□《しつ》に □《もう》しこむ ときに □《じゅう》□《しょ》と □《し》□《めい》を

□《か》かなければ なりません。

部首（かんむり）（1）

「かんむり」は 漢字の 上の 部分の ことを いいます。

「かんむり」の 名前

宀（うかんむり） 客 実

亠（なべぶた） 衣 交

クイズ（六）　漢字の　足し算

例　日＋月＋るい＝明《あか》るい

1．言＋売＋む＝　(　　)____む

2．艹＋古＋い＝　(　　)____い

3．木＋直＋える＝　(　　)____える

4．扌＋寺＋つ＝　(　　)____つ

5．氵＋谷＋びる＝　(　　)____びる

6．宀＋女＋い＝　(　　)____い

7．糸＋冬＋わる＝　(　　)____わる

8．里＋灬＋い＝　(　　)____い

9．日＋音＋い＝　(　　)____い

10．亻＋重＋力＋く＝　(　　)____く

三課　町のようす

7	5	11	14
改《かい》	札《さつ》	側《がわ》	察《さつ》

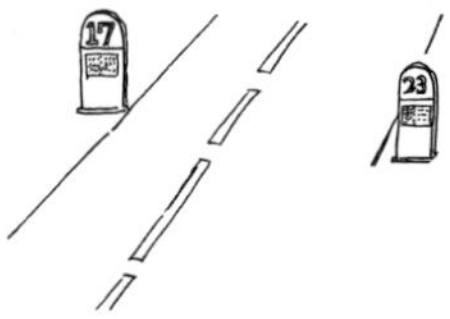

改さつ

己 己 改 改

改札

木 札

両側

亻 俱 俱 側

けい察

宀 灾 灾 察

駅の 改さつ口を 出る。

改札口は どこかな。

道路の 両側に バスていが ある。

けい察に 落とし物を とどける。

8	9	7	4
官《かん》	便《べん》	利《り》	不《ふ》

けい察官	便り	便利	不便
宀 宁 官	亻 仁 佰 便 便	禾 利	一 不 不
交番に けい察官が いる。	コンピュータは 便りだ。	この 町は 便利だから すきだ。	手で 書くのは 不便だ。

14

静《しず》か

静か

龶 青 静 静

この 町は 静かだ。

10

借《か》りる

借りる

亻 仹 借

図書館で 本を 借りる。

8

建《た》てる

建てる

ヨ ⺕ 聿 建 建

新しい 家を 建てる。

10

倉《そう》

倉庫

𠆢 亽 今 仺 倉

倉庫の 前に トラックが 止まる。

１６

積む《つ》

積む

禾
秬
積

トラックに 荷物を 積む。

【書き練習】

1. この スーパーは 買った 物を 配達《はいたつ》してくれるので、□《べん》□《り》です。
2. けい□《さつ》□《かん》の □《し》□《ごと》は 町の 人を □《まも》ることです。
3. 夕方に なると、荷物を □《つ》んだ トラックが □《そう》庫に 集まって来ます。
4. みんなが 待ち合わせを するので、□《かい》□《さつ》口の 近くは いつも こんでいます。

5. 児童《じどう》館で □《か》りた 本は とても おもしろかった。

6. わたしの 町は □《しず》かですが、お店が □《とお》くて 少し □《ふ》□《べん》です。

7. □《えき》の □《む》こう□《がわ》に □《たか》い ビルが □《た》ちました。

部首（へん）（6）
「へん」の 名前
火（ひへん）
灯
焼

部首（かんむり）（2）
「かんむり」の 名前
耂（おいかんむり）
老
者

四課　気持ち

10

笑《わら》う

笑う

⺮ 竺 笑

大きい 声で 笑った。

8

泣《な》く

泣く

氵 汁 泣 泣

赤ちゃんが 泣いている。

13

愛《あい》する

愛する

爫 爫 㤅 愛 愛

お母さんは 子どもを 愛している。

19

願《ねが》う

願う

厂 原 願

流れ星を 見て 願う。

7	11	9
希《き》	望《ぼう》	勇《ゆう》

希ぼう

ㄨ ナ 产 肴 希

希望

亡 朗 望

勇気

マ 甬 勇

未来は 希ぼうで いっぱいだ。

希望を 持とう。

かなちゃんは 勇気が あるね！

【書き練習】

1. □《あか》ちゃんが □《な》いています。おなかが すいたのかな。

2. 「□□《しゃしん》を とる とき、□《わら》った ほうが かわいいよ。」

3. 「先生 もう □□《いちど》 □《い》ってください。お□《ねが》いします。」

4. 「お□《ば》けなんか ちっとも こわくないよ。」「すごいな。□□《ゆうき》が あるね。」

5. お□《ねえ》さんは よく □□《べんきょう》したので、□□《きぼう》していた 高校《こうこう》に □《はい》れました。

6. これは わたしの □《あい》する みみちゃんの □□《しゃしん》です。

高《たか》い
高《コウ》校

いろいろなしょく業

1 八百屋《やおや》	2 パン屋	3 カメラマン
4 けい察官	5 医者《いしゃ》	6 花屋
7 音楽家《おんがくか》	8 タクシー運転手《うんてんしゅ》	9 画家《がか》

五課　給食と健康

12

給《きゅう》

給食

糸 紒 給

給食の 時間が 楽しみです。

9

栄《えい》

栄よう

⺍ 𭕄 栄

肉や 魚は 栄ようが あります。

15

養《よう》

栄養

⺷ 美 養 養

栄養が ある 物を 食べましょう。

12

飯《はん》

ご飯

𠆢 今 食 飯

私は ご飯が すきです。

6	10	12	13
好《す》き	残《のこ》す	焼《や》く	塩《しお》

好き	残す	焼く	塩
女 好 好	一 歹 歹 残	火 炸 炸 焙 焼	土 圹 坾 塩
給食が 好きです。	残さないで 食べましょう。	魚を 焼いています。	ゆでたまごに 塩を ふります。

7	10	11	14
材《ざい》	料《りょう》	菜《さい》	管《かん》

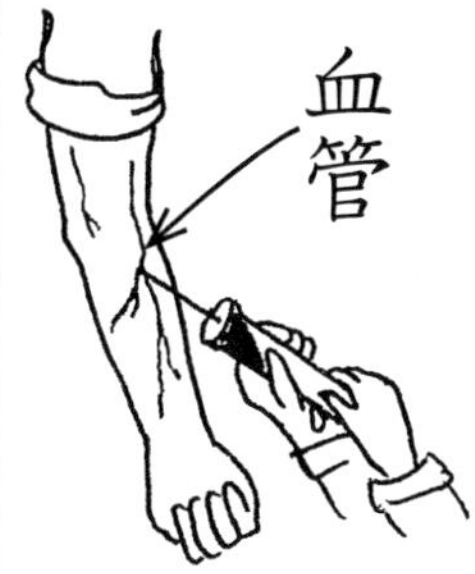

7	10	11	14
材りょう	材料	野菜	血管
木 木 村 材	米 米 料 料	艹 艹 芯 菜	竹 笁 筇 管
カレーの 材りょうは 何ですか。	材料は 肉と 野さいです。	にんじんや じゃがいもは 野菜です。	血管に 注しゃを しました。

15	8	11	11
熱《ねつ》	治《なお》る	健《けん》	康《こう》

熱	治る	健	康
坴 埶 埶 熱	氵 汁 治	亻 侓 律 健	广 庐 庚 康
熱	治る	健こう	健康
かぜで 熱が 三十八度も あります。	早く 病気が 治りますように。	みんな 元気で 健こうです。	健康に 注意しましょう。

【書き問題】

1. □《なん》でも □《た》べられる 人は □□《けんこう》な 人です。

2. □□《きゅうしょく》の 時間が 一番 □《す》きです。先生や 友だちと 話しながら 食べます。

3. □□《ざいりょう》を □《き》って、みそしるを □《つく》りました。

4. □□《きゅうしょく》に □《や》き鳥が □《で》ないかなあ。

5. □《しお》は しょっぱい。さとうは あまい。

6. □□《きゅうしょく》で □《のこ》った 物は どうするのかな。

7. 今日は たきこみご□《はん》です。たきこみご□《はん》には □□《やさい》が いろいろ 入っています。

8. 三日間 □《たか》い □《ねつ》が □《つづ》き、今日 やっと □《さ》がりました。

食《た》べる
給食《キュウショク》

野《の》原
野《ヤ》菜

下《した》
下《さ》がる

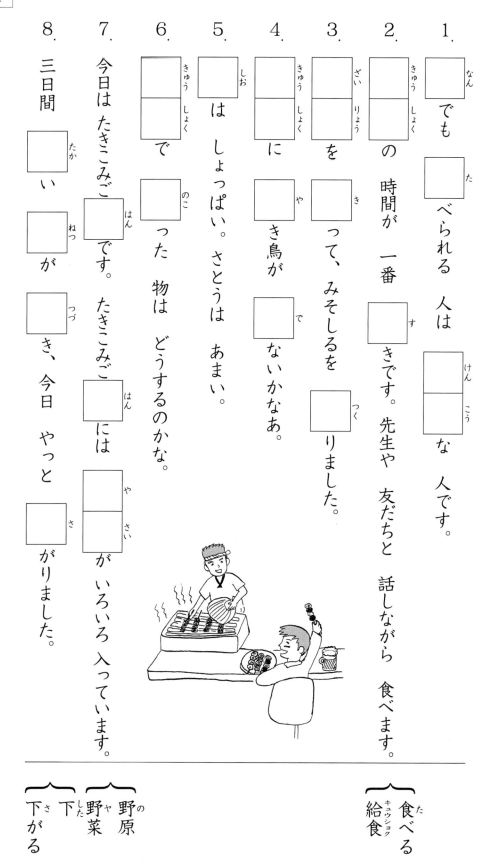

9. けがを してしまった。□《なお》るまで サッカーが できない。

10. □《ひ》ふの 下に □《けっ》□《かん》が □《とお》っています。

11. □《えい》□《よう》の ある □《もの》を □《た》べて、□《はや》く □《げん》□《き》に なろう。

皮《かわ》
皮《ヒ》ふ

交通《コウツウ》
通《とお》る

部首（へん）（7）
「へん」の 名前
氵（さんずい）
治
泣

部首（かんむり）（3）
「かんむり」の 名前
⺮（たけかんむり）
笑
管

クイズ（七）

次の□の Ⅰと Ⅱを 合わせて 文を 作って、Ⅲの□に 書いて ください。

Ⅰ

1. 給食　2. 荷物　3. 本　4. 病気　5. 紙
6. 水　7. 家　8. 兄弟　9. 野菜　10. 会社

Ⅱ

1. 積む　2. 治る　3. 包む　4. 借りる　5. 愛する
6. 残す　7. 食べる　8. 浴びる　9. 働く　10. 建てる

Ⅲ

1 給食（を）残す
2 ○
3 ○
4 ○
5 ○
6 ○
7 ○
8 ○
9 ○
10 ○

六課　行事

唱	芸	卒	念
11	7	8	8
しょう	げい	そつ	ねん

合唱	芸	卒業	記念
口 吅 唱	艹 廾 芸	亠 亣 卒	人 今 念
みんなで 合唱を する。	学芸会で 王様に なる。	卒業式は 三月二十五日だ。	今日は 開校記念日だ。

７

別《わか》れる

ロ 号 另 別

別れる

先生や 友だちと 別れる。

９

祝《いわ》う

ラ ネ 祀 祝

祝う

みんなで 卒業を 祝う。

１４

旗《はた》

方 方 㫃 旃 旗

旗

これは わたしの 学校の 旗です。

１２

順《じゅん》

川 川一 川丆 川百 順

順

順番に ならぶ。

令《れい》 5

𠆢 亽 令

号令

先生が 号令を かける。

特《とく》 10

⺧ 牛 牜 特

特

今日は 特べつな 日だ。

参《さん》 8

厶 矣 参

参か

児童会に 参かしない？

加《か》 5

フ カ 加

参加

話し合いに 参加しよう。

【書き練習】

1. □□□《よねんせい》は □□□《がくげいかい》で □□《がっしょう》を しました。

2. □□□《そつぎょうしき》の 前に お□《わか》れ□《かい》を しました。

3. □□□《うんどうかい》で □《はた》を ふって おうえんしました。

4. 二月一日《ついたち》は □□□□□《かいこうきねんび》で、お□《いわ》いの □《しき》が ありました。

5. 先生が □□《ごうれい》を かけて みんな □□《じゅんばん》に ならびました。

6. □□□《しゃせいかい》の □《え》、みんな 上手《じょうず》だなあ。□《とく》に 上野君のが すごいなあ。

7. 来週の 日曜日 □□《やきゅう》の 試合《しあい》が ある。□□《さんか》する チームは 15チームだ。

{合《あ》う / 合唱《がっしょう》}

{開《あ》ける / 開《カイ》校}

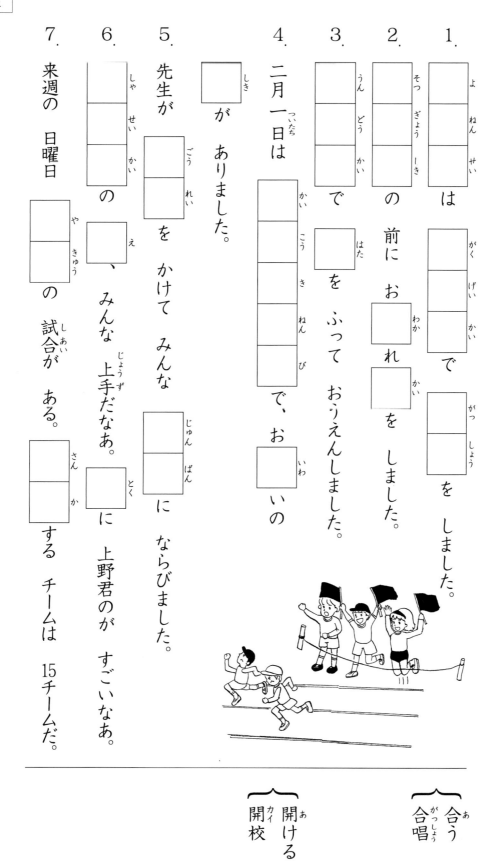

七課 放課後

15
課《か》

放課後
言 訁 課

放課後、いっしょに 遊ぼう。

9
約《やく》

約束
糸 糹 約 約

いっしょに 遊ぶ 約束を する。

5
必《かなら》ず

必ず
、 ソ 必 必

必ず 約束を 守ろう。

10
徒《と》

生徒
彳 往 徉 徒

教室に 生徒が 三十五人 いる。

4	10	10	15
欠《けつ／けっ》	席《せき》	連《れん》	輪《りん》
欠せき	欠席	連らく	一輪車
𠂊 欠	广 产 庐 席	一 百 亘 車 連	亘 車 軩 輪 輪
田中君は かぜで 欠せきだ。	欠席の 生徒は だれ。	連らく帳に 書いて わたす。	一輪車に 乗れるよ。

7

児《じ》

児童

丨 旧 児

小学校の 生徒は 児童だ。

6

伝《つた》える

伝える

亻 仁 伝

欠席の 友だちに 伝える。

5

司《し》

司会

𠃌 ㇆ 司

会長が 司会を する。

11

副《ふく》

副会長

一 吕 畐 副

副会長は 会長を 手つだう。

6	7	14
仲《なか》	良《よ》し	徳《とく》

6	7	14
仲よし	仲良し	道徳
亻 仁 仲	丶 ヨ 自 良	ノ 彳 彳 徃 徝 徝 徝 徳 徳

かなちゃんと なおちゃんは 仲よしだ。

仲良し三人組。

道徳の 時間は 大切です。

【書き練習】

1. □《ほう》□《か》□《ご》、鉄ぼうで　さか□《あ》がりの　□《れん》□《しゅう》を　しました。

2. 「トム君と　田中君、けんかしないで。□《なか》□《よ》く　してください。」

3. 「□《ゆび》□《き》り　げんまん」は、□《やく》□《そく》する　とき　言う　ことばです。

4. 弟は　たん生日《じょうび》に　三□《りん》車を　□《か》ってもらいました。

5. □《じ》□《どう》□《かい》を　□《けっ》□《せき》する　ときは　□《かなら》ず　□《れん》らくしなければ　なりません。

上《あ》がる　上《うえ》

生《せい》　生《う》まれる　たん生《ジョウ》

6. □□□《じどうかん》で　□《むかし》から　□《つた》わっている　話を　聞きました。

7. 「今日の　子ども会の　話し合いは　だれが　□《し》会を　しますか。」
「ぼくが　やります。」

8. カルロス君は　サッカー部の　□□□《ふくぶちょう》です。
ヘディングが　上手《じょうず》です。

9. この学校の　□□《せいと》は　たいてい　□□□《ほうかご》　□□《こうえん》で　□《あそ》びます。

10. □□《どうとく》の　時間に　老人に　せきを　ゆずるように　習いました。

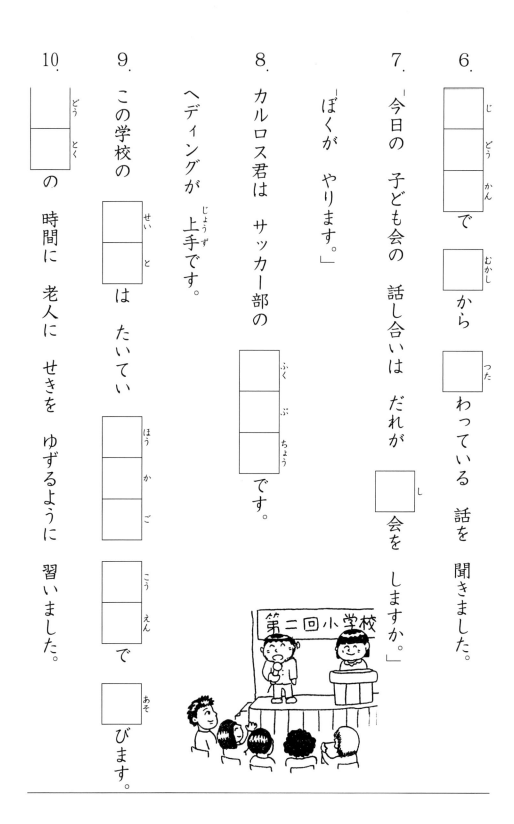

乗り物

新幹線《しんかんせん》

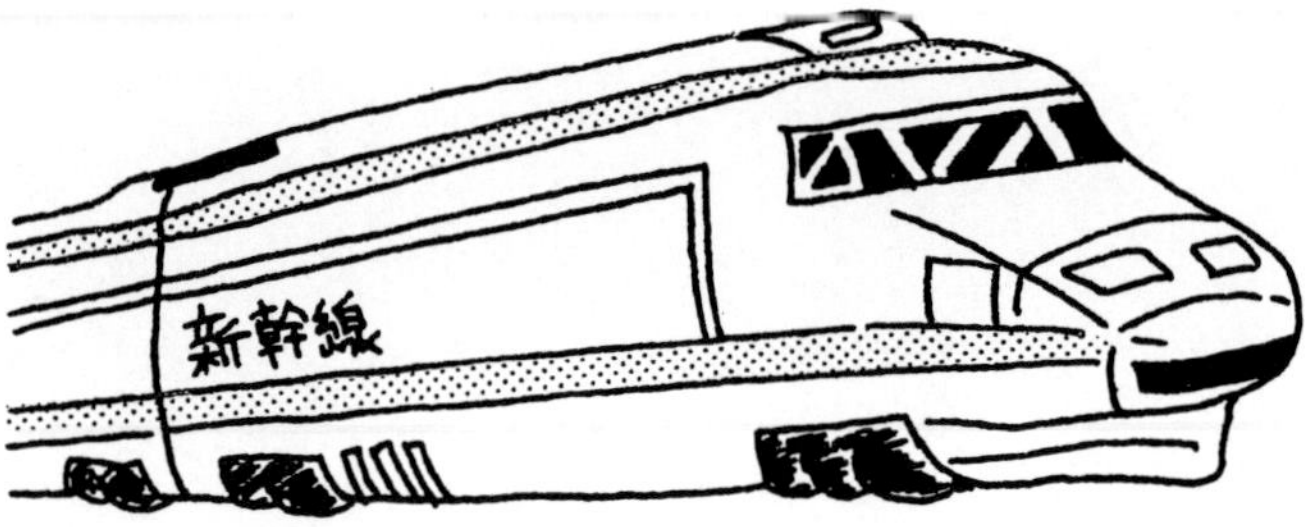

タクシー

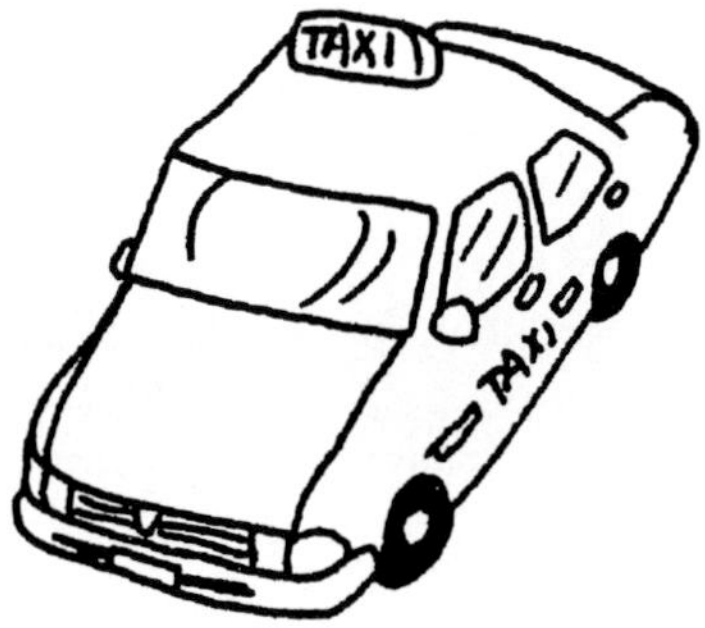

船《ふね》

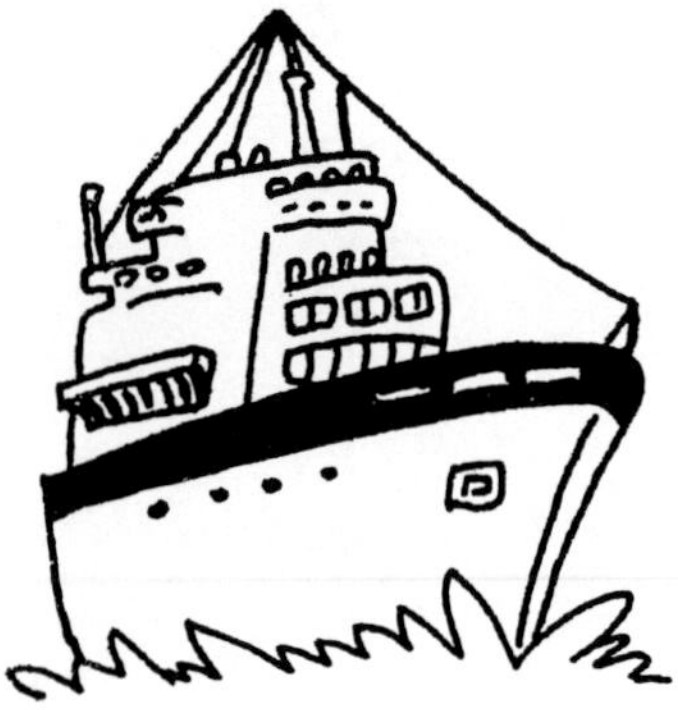

スクーター

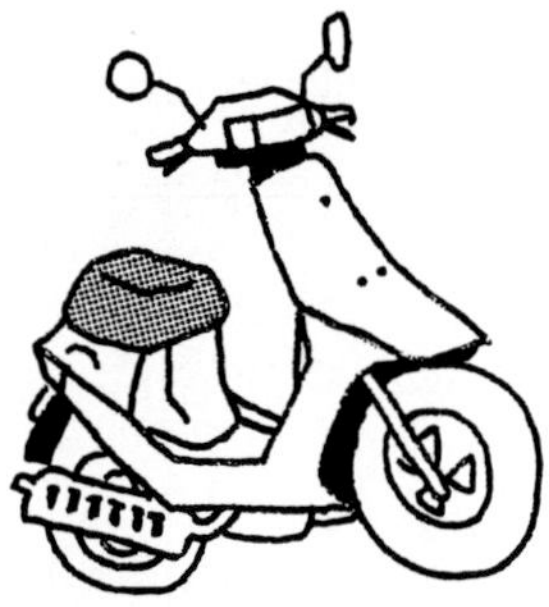

電車《でんしゃ》

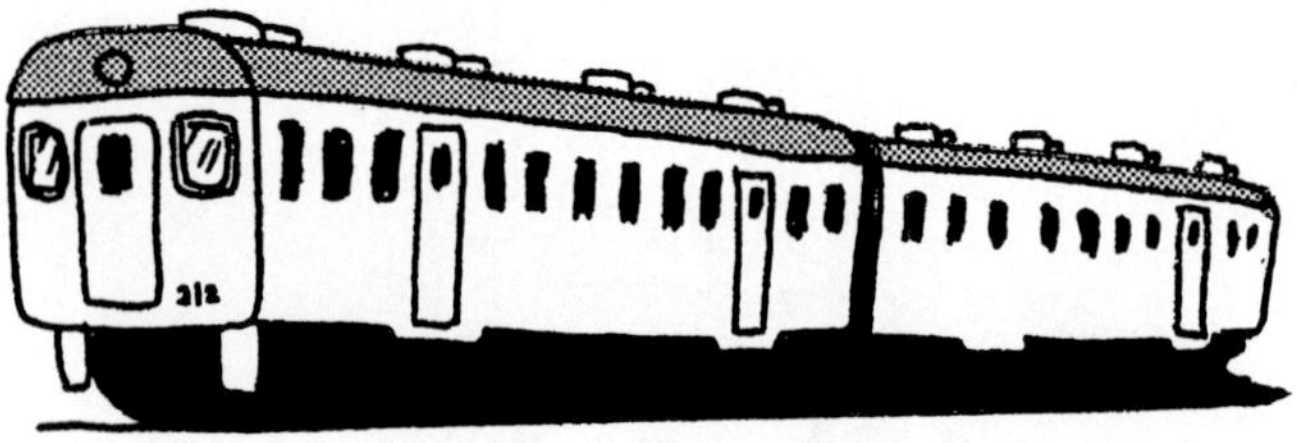

飛行機《ひこうき》

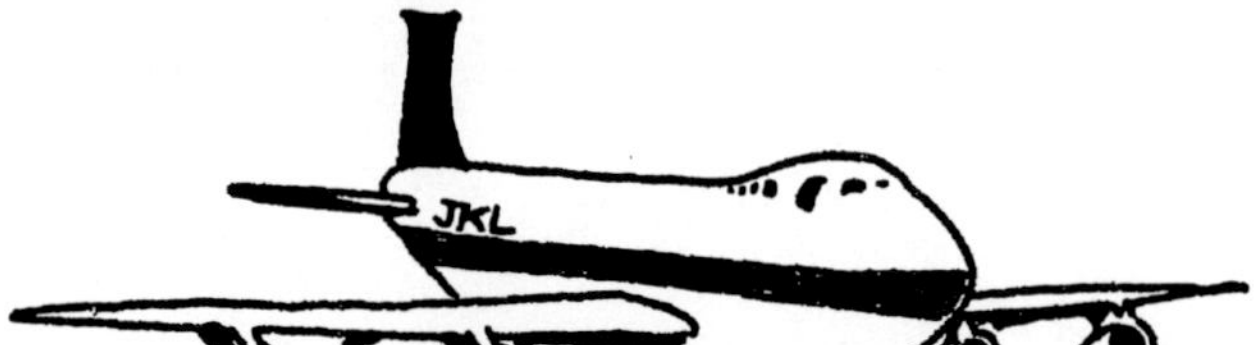

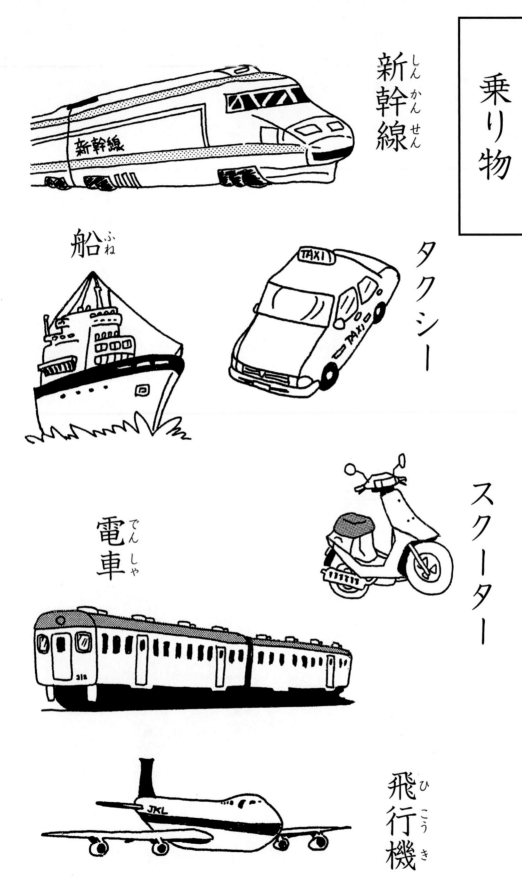

八課　がんばる

8　的《てき》

白 白 的 的

目的

目的を 持って がんばろう。

15　標《ひょう》

1000メートル 泳ぐ

木 杧 標 標

目標

千メートル 泳ぐのが 目標だ。

7　努《ど》

女 奴 奴 努

努力

努力したので 百点が 取れた。

13　続《つづ》ける

糸 紀 結 続

続ける

毎日 ジョギングを 続ける。

4	8	7	6
夫《ふう》	協《きょう》	完《かん》	成《せい》

夫（4）
二 夫
工夫

協（8）
一 十 协 协 協
協力

完（7）
宀 宀 完
完せい

成（6）
ノ 厂 万 成 成 成
完成

工夫して ボールを 取る。

みんなで 協力して 作った。

あしたまでに 完せいさせたい。

ロボットが 完成した。

5	11	5	9
失 しつ／しっ	敗 はい／ぱい	功 こう	省 せい

失	敗	功	省
失ぱい	失敗	成功	反省
ノ 𠂉 失	貝 貝⺊ 敗	一 丅 工 工フ 功	小 少 省
失ぱいすると、はずかしいな。	とべない。また 失敗しちゃった。	とべた。成功した。	勉強しなかったので 反省した。

20	12	8	12
競 きょう	結 けつ／けっ	果 か	無 む

競《きょう》

20

立 音 竟 竸 競

競そう

赤組と 白組に 分かれて 競そうした。

結《けつ／けっ》

12

糸 糸十 糸士 結

結か

努力の 結か 百点が 取れた。

果《か》

8

曰 旦 甲 果 果

結果

結果が いいと うれしいな。

無《む》

12

𠂉 𠂆 無 無 無

無理

「もう 走れないよ。 無理だ。」

12

覚《おぼ》える

覚える

⺍ 𰀁 覚

漢字を 覚える。

【書き練習】

1. 「山の 上まで もう少しだから がんばって。」「もう □《む》理だよ。」

2. 九九を □《おぼ》えるのに、何か いい □□《くふう》が できないかな。

3. お父さんは やせる □□《もくてき》で 毎日 三十分 歩いています。

4. □□《こんげつ》の クラスの □□《もくひょう》は 「わすれ□《もの》を しないこと」です。

目《め》 目《モク》的 目《モク》標

今《いま》 今《コン》月

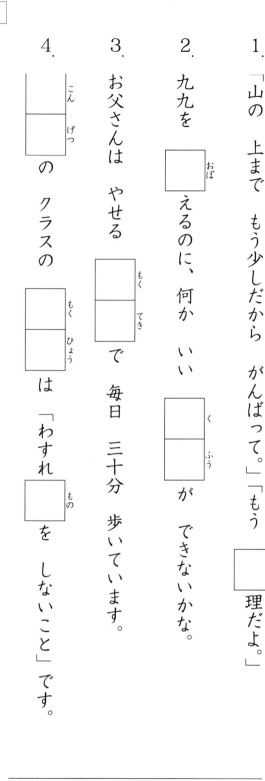

5. □《にっ》□《き》を□《つづ》けて□《か》く□《やく》□《そく》をお□《かあ》さんと しました。

6. あそこの□《き》まで、どっちが□《はや》く□《はし》れるか□《きょう》そうしようよ。

7. みんなで□《きょう》□《りょく》して□《がっ》□《きゅう》□《しん》□《ぶん》を□《かん》□《せい》しました。

8. シュートに□《しっ》□《ぱい》して ゴールに□《はい》りませんでした。

9. ろうかで キャッチボールを して、まどガラスを わってしまいました。先生に しかられて□《はん》□《せい》しました。

10. みんなで□《ど》□《りょく》したので、学芸会の げきは□《だい》□《せい》□《こう》だった。

11. テストの□《けっ》□《か》が□《わる》かったので、がっかりした。□《こん》□《ど》は がんばろう。

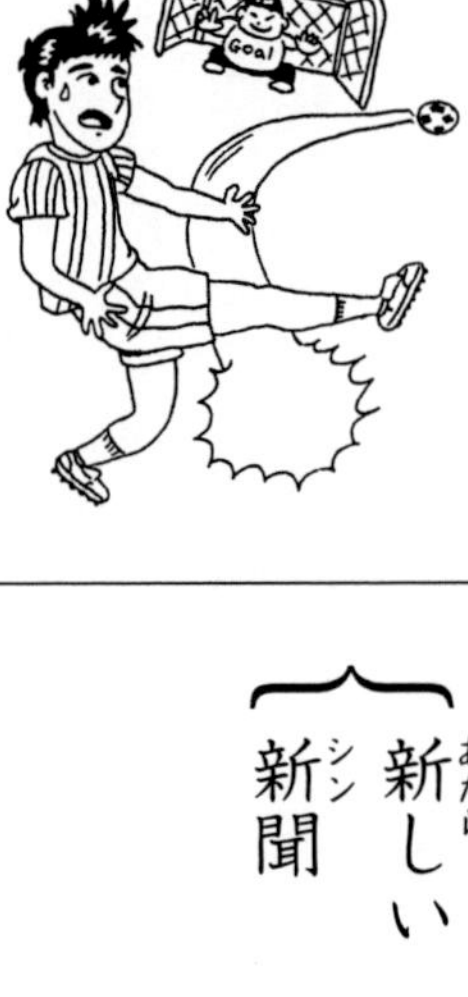

力《ちから》
協力《リョク》

新《あたら》しい
新《シン》聞

九課 国語

10	11	13	8
訓《くん》	清《せい》	辞《じ》	典《てん》

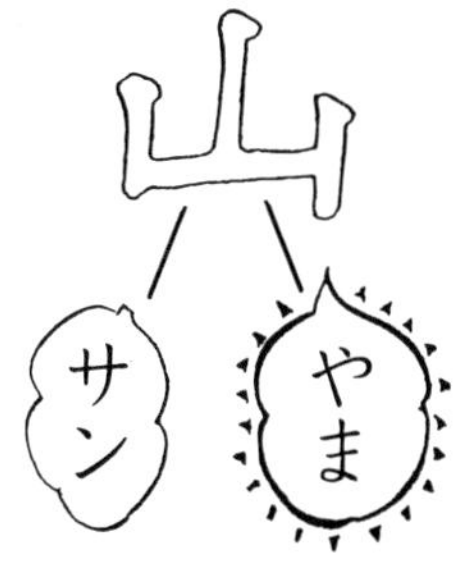

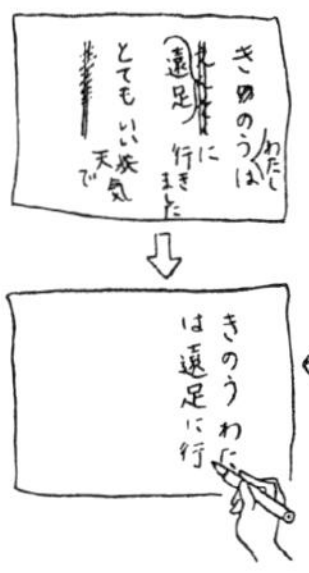

訓：、 亠 言 言 訓
訓

清：冫 氵 汁 汢 洼 清
清書

辞：一 千 舌 舌 辞 辞
辞てん

典：丨 冂 冊 曲 曲 典
辞典

山の 訓読みは「やま」です。

文を 清書する。

国語辞てんが ほしい。

辞典で 言葉を 調べる。

8	14	5	9
例 れい	説 せつ	末 まつ	要 よう
亻 仁 伢 例	言 訁 訟 説	二 キ 末	一 冖 襾 西 要
例	説明	文末	要点
動物の 例を 言ってください。	もう一度 説明してください。	「ます」「ました」文末は むずかしい。	要点を まとめよう。

動物の例

浴 池 海 水=氵
さんずい

日本には 春夏秋冬の 四つの きせつが あります。
春には さくらがさいて きれいです。
日本の 夏は むし暑いです。
秋には お米が とれます。
冬は 寒くて 北の方には 雪が ふります。

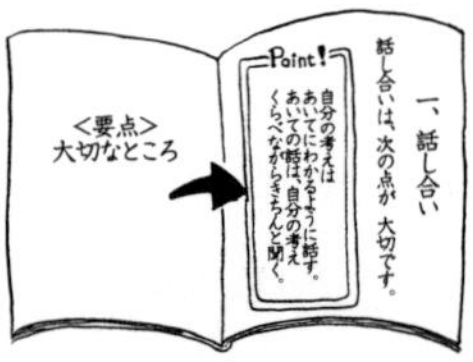
<要点>
大切なところ
一、話し合い
話し合いは、次の点が 大切です。
Point!
自分の考えは あいてにわかるように話す。
あいての話は、自分の考え くらべながらきちんと聞く。

8	14	13	18
英《えい》	関《かん》	試《し》	験《けん》
 日本語 おはようございます 英語 Good Morning		 試験 9:00～9:40	
英語	関心	試けん	試験
艹 节 苎 英	丨 𠃌 門 門 門 門 関	言 訁 訂 試 試	丨 𠃌 Ⅱ 𫝀 馬 馬' 駘 験
「おはよう」は 英語で 何ですか。	父は 星に 関心がある。	あしたは 国語の 試けんです。	試験は 九時から 始まります。

10

案

あん

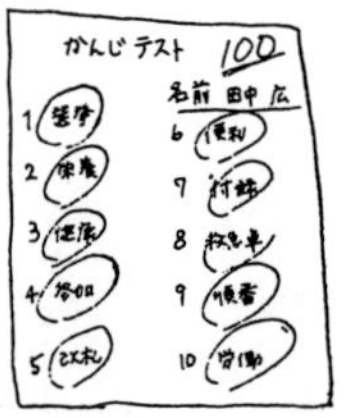

宀 安 案

答案

答案用紙に 名前を 書いた。

【書き練習】

1. □□《いみ》の わからない □□《ことば》を □□□□《こくごじてん》で □《しら》べました。
2. □□《さくぶん》を 書くとき、文□《まつ》に 丸（。）を つけるのを わすれないでください。
3. 年賀《ねんが》はがきに □《ふで》で □□《せいしょ》して、ポストに □《だ》しました。

{ 言《い》う 言《こと》葉《ば》 }

{ 作《つく》る 作《サク》文 }

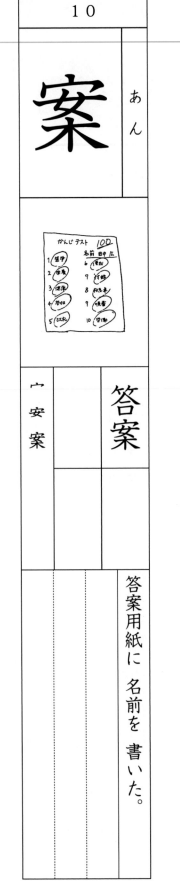

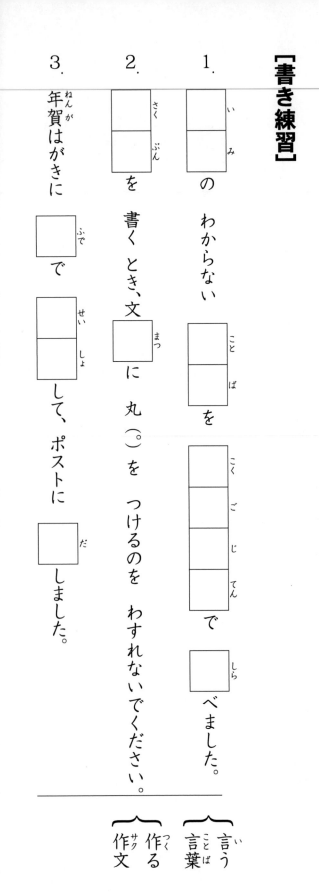

4. □□《せんせい》の□□《せつめい》の□□《ようてん》を ノートに □《か》きます。

5. □□《せんせい》が□□□□《とうあんようし》を□《くば》る とき、「□《れい》を よく見てから□□《もんだい》を やりましょう」と □《い》いました。

6. 「木」の□□《くんよ》みは「き」です。□□《おんよ》みは「モク」です。

7. □□《えいご》の□□《じかん》に□□《えいご》の□《うた》を□《うた》いました。

8. お父さんは□□《しんぶん》を 読んで、□□《かんしん》の ある ところは 切り取っています。

9. あした□□《かんじ》の□□《しけん》が ありますから、よく□《おぼ》えてきてください。

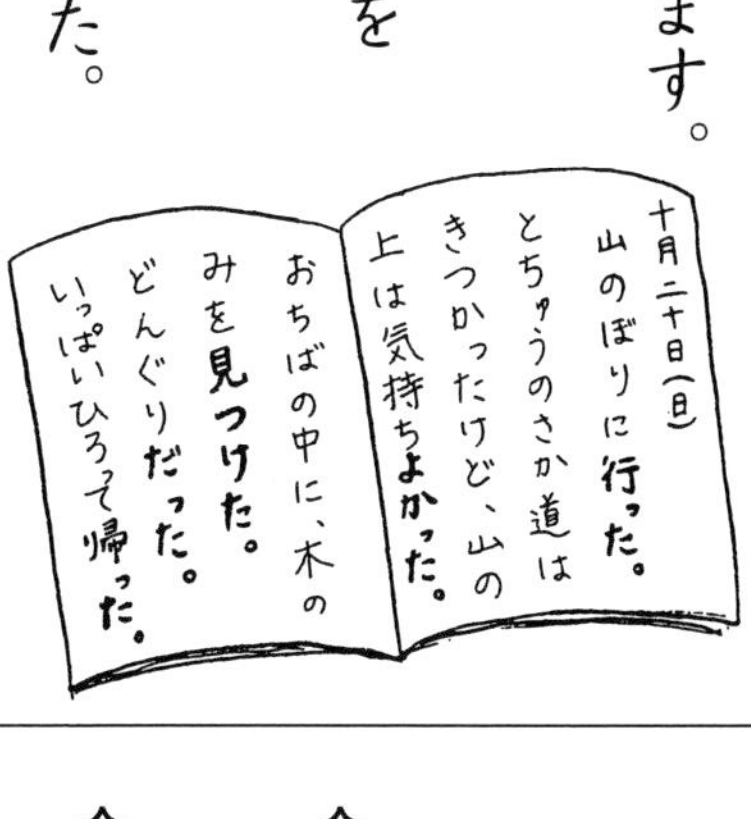
十月二十日(日)
山のぼりに行った。
とちゅうのさか道は
きつかったけど、山の
上は気持ちよかった。
おちばの中に、木の
みを見つけた。
どんぐりだった。
いっぱいひろって帰った。

答《こた》える
答《トウ》案

紙《かみ》
用紙《シ》

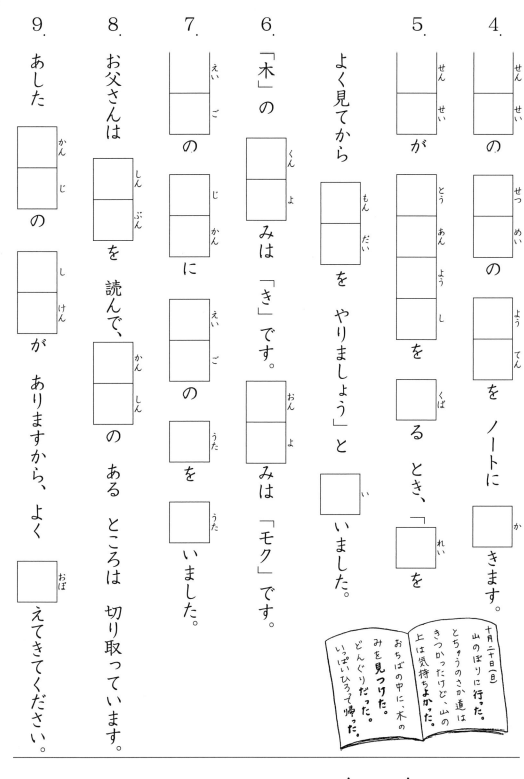

クイズ（八）「漢字のしりとり」と「音と訓の読み方」

Ⅰ

（例） 先[生《せい》] ➡ [生《せい》]徒 ➡ 徒[歩《ほ》] ➡ [歩《ある》]く

1. □《じゅん》番 ➡ 番□《ち》 ➡ □《ち》図 ➡ □《と》書館

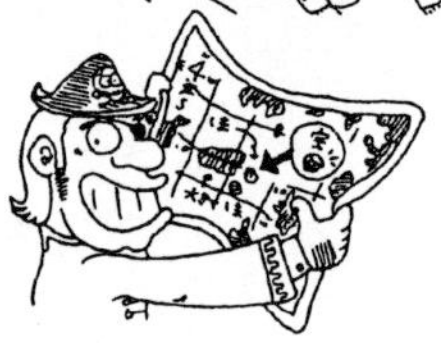

2. 材□《りょう》 ➡ □《りょう》理 ➡ 理□《か》 ➡ □《か》目

3. 未□《らい》 ➡ □《らい》年 ➡ 年□《ごう》 ➡ □《ごう》令

Ⅱ

例 { 名　札 / 改[札《さつ》]口

1 { 合　う / □《がっ》唱

2 { 切　る / 大□《せつ》

3 { 明るい / 説□《めい》

4 { 仕　事 / 火□《じ》

5 { 働　く / 労□《どう》

6 { 話　す / 電□《わ》

7 { 聞　く / 新□《ぶん》

8 { 食べる / 給□《しょく》

9 { 光　る / けい□《こう》灯

十課 算数

億《おく》 15

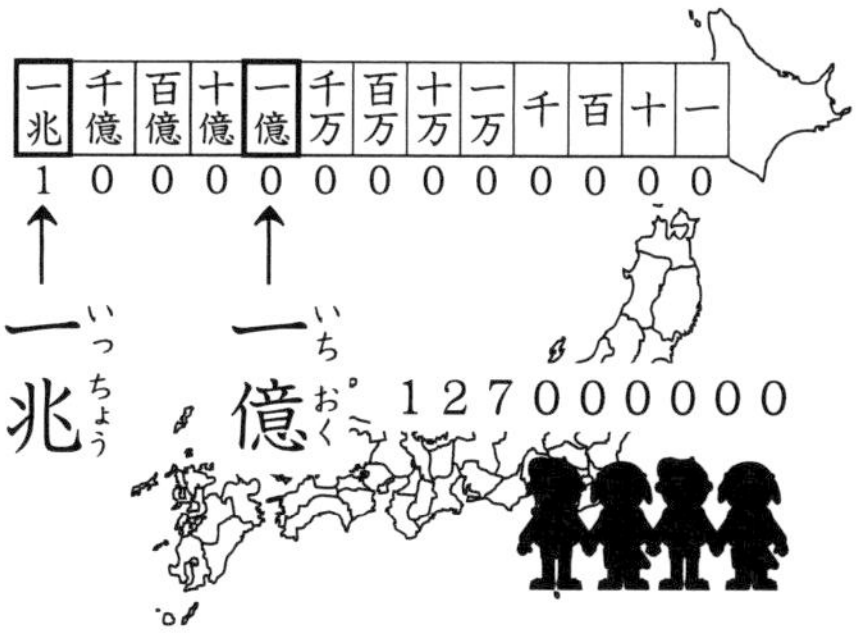

一兆 千億 百億 十億 一億 千万 百万 十万 一万 千 百 十 一
1 0 0 0 0 0 0 0 0 0 0 0 0
一兆《いっちょう》
一億《いちおく》
127000000

亻 亻 仁 佇 倍 億

億

日本の 人口は 約一億二千七百万人だ。

兆《ちょう》 6

丿 ⺘ 兆 兆

兆

一兆円なんて 見たことが ない。

以《い》 5

120cm

l レ レ 以

以上

せが 一二〇センチ以上に なった。

径《けい》 8

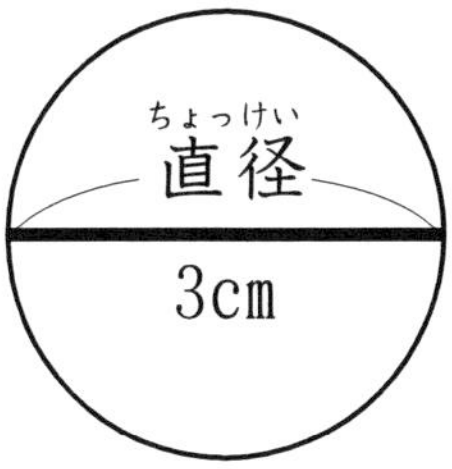

直径《ちょっけい》
3cm

ノ 彳 彳 彳 径 径 径

直径

直径 三センチメートルの 円。

5	10	15	12
辺《へん》	差《さ》	器《き》	量《りょう》

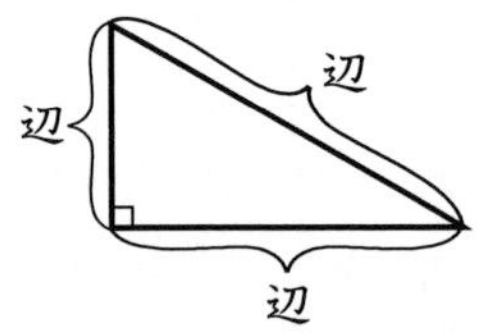

フ 刀 辺

三つの 辺の 長さを はかろう。

丷 羊 羊 差

二人の 身長の 差は 十センチ。

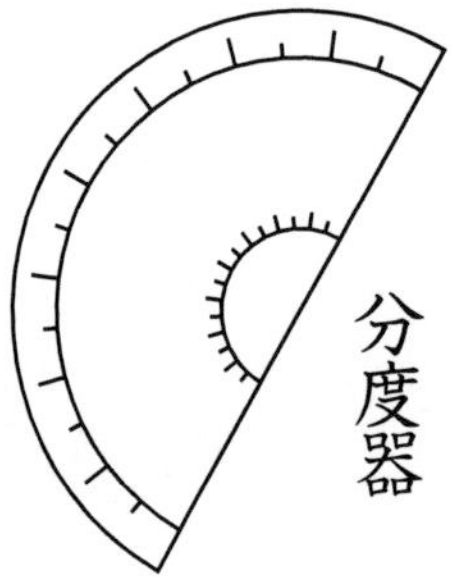

吅 哭 器

分度器で 角度を はかる。

日 旦 昌 量 量

水の 量を はかろう。

単《たん》	位《い》	折《お》れ線	求《もと》める
9	7	7	7

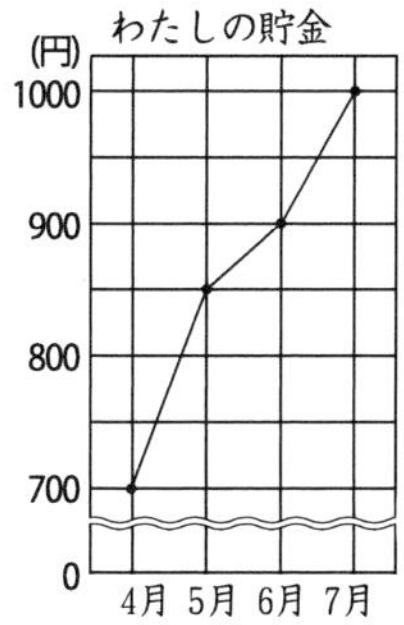

わたしの貯金
(円)
1000
900
800
700
0
4月 5月 6月 7月

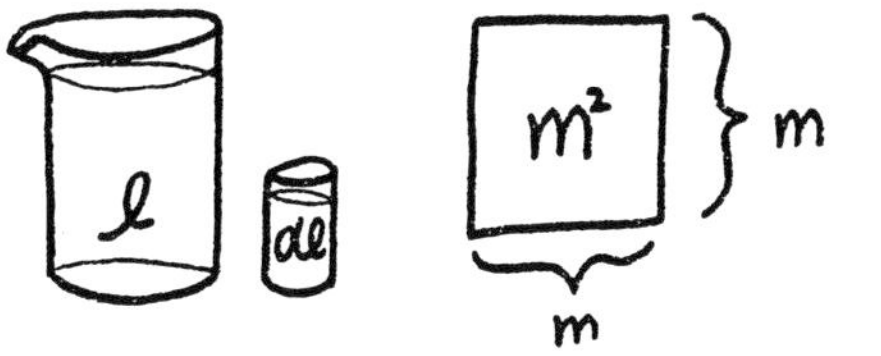

ℓ
dℓ
m²
m
m

単	単位	折れ線	求める
⺍ 当 単	亻 亻 仁 仕 位	一 十 扌 扩 折	一 十 才 求 求

長さを はかる 単い。

水の 量を はかる 単位。

わたしの 貯金の 折れ線グラフ。

あいうを 足した 角度を 求める。

【書き練習】

1. 「□《ちょう》と □《おく》は どちらが 大きいの。」「□《ちょう》だよ。」

2. □《おも》さを はかる □□《たんい》は グラムや キログラムなどです。
この メダルの □《おも》さを □《もと》めなさい。

3. □□□《にとうへん》三角形は 二つの □《へん》の □《なが》さが □《おな》じです。

4. ぼくと お兄さんの □□《しんちょう》の □《さ》は 十センチです。

5. 六月の 雨の □《りょう》と 7月の 雨の □《りょう》を くらべました。

6. コンパスを □《つか》って □□《はんけい》 五センチの □《えん》を かいてください。

体重《ジュウ》
重《おも》さ

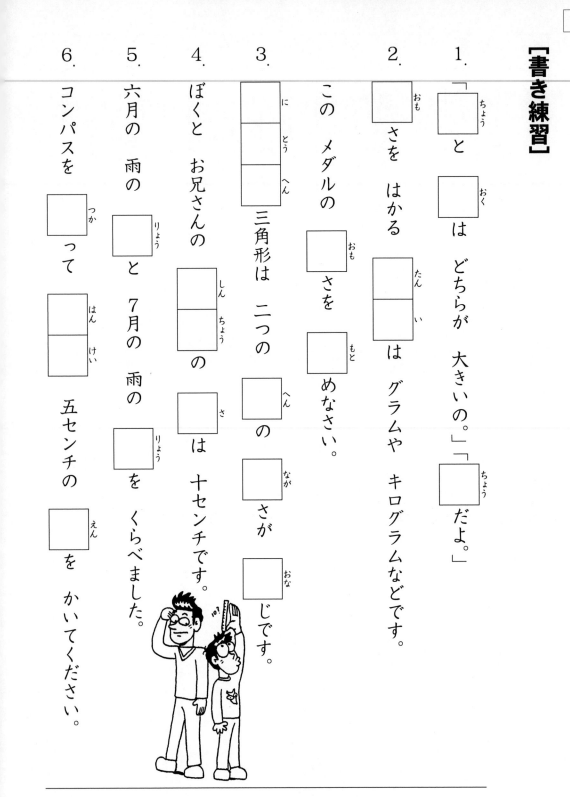

7. □□□《ぶんどき》で この 三角形の 三つの □□《かくど》を はかりましょう。

8. これは 八月の □□《おんど》の □《お》れ □《せん》グラフです。
三十度 □□《いじょう》の 日は 何日 ありますか。

上《うえ》
以上《ジョウ》

部首（へん）（8）

「へん」の 名前

言（ごんべん）

訓 説

糸（いとへん）

約 続

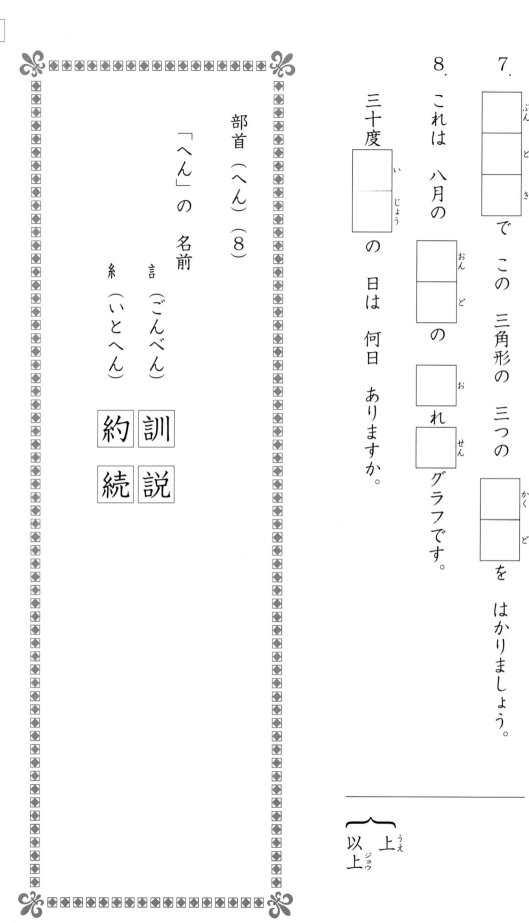

建物《たてもの》の絵《え》

神社《じんじゃ》

屋台《やたい》

教会《きょうかい》

学校《がっこう》

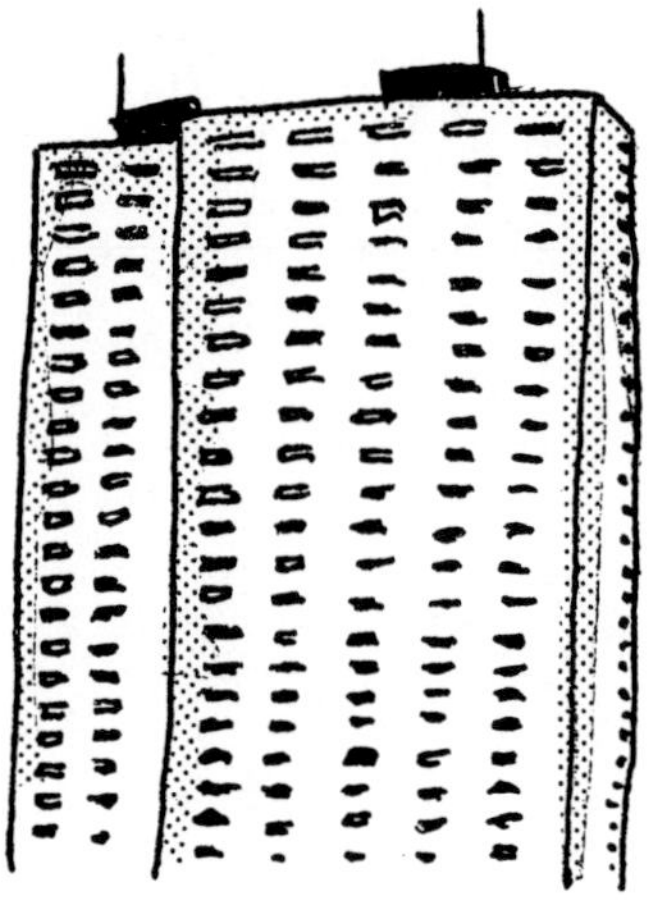

高《たか》いビル

病院《びょういん》

交番《こうばん》

図書館《としょかん》

十一課　自然

12

然《ぜん》

自然

夕 夕 夕犬 然

アフリカの 自然は すばらしい。

10

候《こう》

気候

亻 亻丨 亻ユ 亻ユ⺈ 亻ユ⺈ 候

いろいろな 気候が ある。

8

季《き》

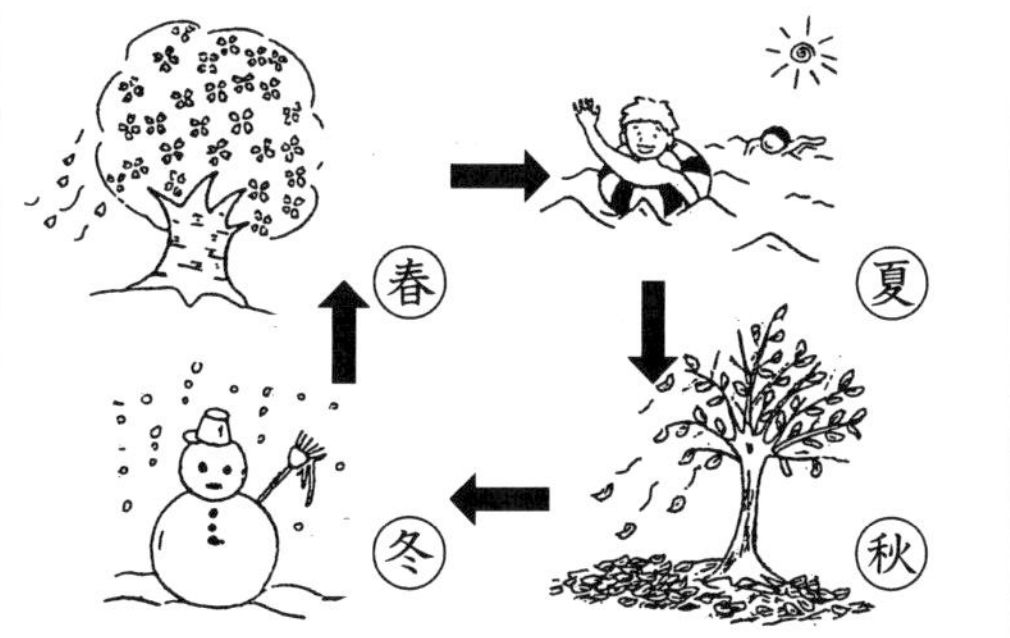

季せつ

一 禾 季

日本には 四つの 季せつが ある。

13

節《せつ》

季節

⺮ ⺮ 笁 管 管 節

どの 季節が 好きですか。

12	7	7	9
景《け》	低《ひく》い	冷《つめ》たい	浅《あさ》い
	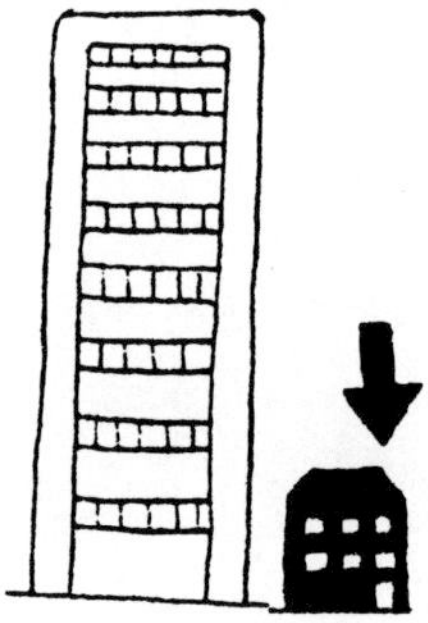		
日 日 旦 昌 景	亻 仁 仟 低 低	冫 冫 冷 冷	氵 氵 浅 浅
景色	低い	冷たい	浅い
いい 景色だなあ。	あの ビルは 低い。	冷たい 飲み物が 飲みたい。	浅い 川で 遊んだ。

9	8	12	9
飛《と》ぶ	底《てい》	最《さい》	変《か》わる
		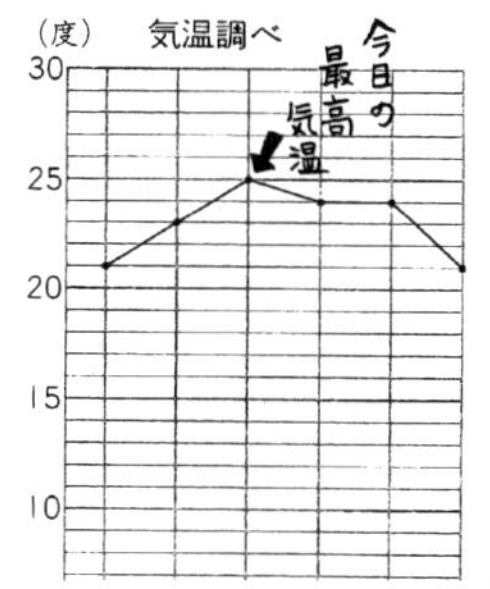 	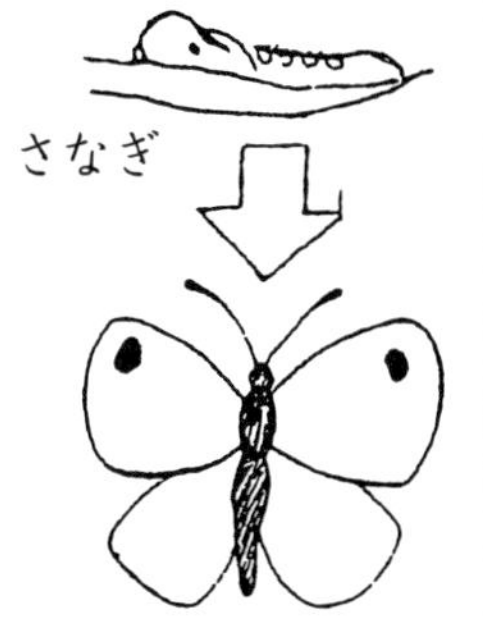
飛ぶ	海底	最高	変わる
⺄ 飞 飞 飞 飛 飛	丶 亠 广 庀 庀 底 底	日 旦 早 早 早 最	丶 亠 亣 亦 変
鳥が 空を 飛んでいる。	海底には きれいな 魚が いる。	今日の 最高気温は 何度。	さなぎは ちょうに 変わる。

11	19	8	13
巣《す》	鏡《きょう》	固《こ》	群《む》れ
		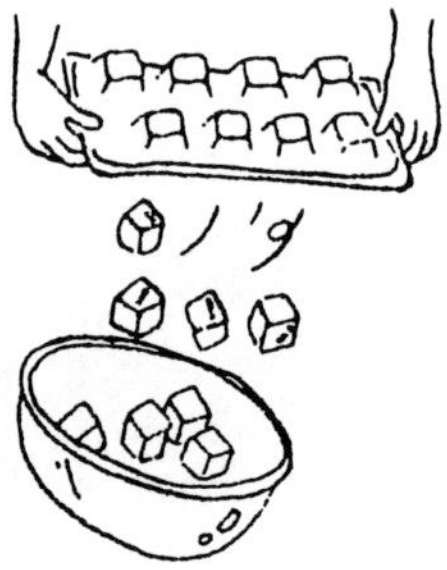	
⺍ 当 単 巣	𠆢 今 金 釒 鈷 鏡 鏡	冂 円 固 固	㇇ ヨ ヨ 尹 君 君 群 群
巣	望遠鏡	固体	群れ
鳥の 巣に 小鳥が 二羽 いる。	望遠鏡で 遠くの 景色を 見た。	氷は 固体だ。	魚の 群れ。

【書き練習】

1. キャンプに 行って、□□《しぜん》の 中で □《あそ》んだ。
2. あなたの 国の □□《きこう》は 日本と 同じですか、ちがいますか。
3. 日本には □□《きせつ》が いくつ ありますか。
4. □《かぜ》が □《つめ》たくて とても □□《きも》ちが いい。
5. 山の 上から □□□《ぼうえんきょう》で □□《けしき》を 見ました。きれいでした。
6. この 川は □《あさ》くて きれいだから □《およ》いでも だいじょうぶだよ。
7. 今年も ここに つばめが □《す》を □《つく》りました。

自《ジ》分
自《シ》然

色《いろ》
景色《シキ》

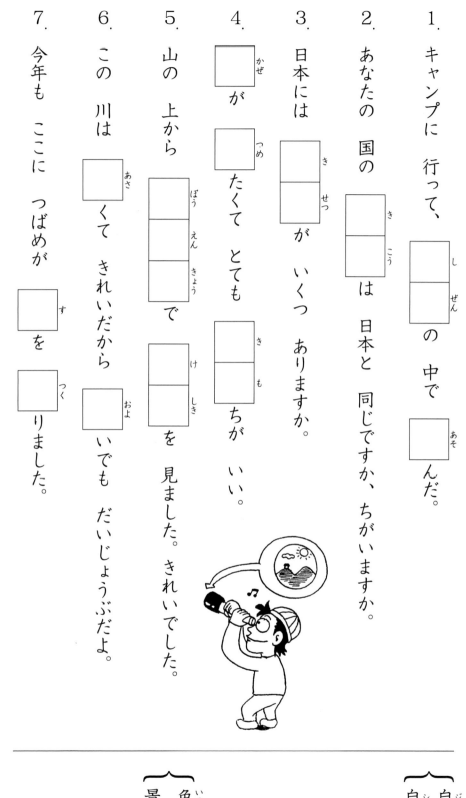

8. きのうの □《さい》□《こう》□《き》□《おん》は 三十六度でした。□《あつ》かったです。

9. スキューバ ダイビングが できたら、□《うみ》に もぐって □《かい》□《てい》の □《さかな》の □《む》れを 見たいな。

10. 水は 温度が □《ひく》くなると、□《こおり》に □《か》わります。
水は えき□《たい》ですが、□《こおり》のように 形が ある ものは □《こ》□《たい》と いいます。

11. □《とり》の ように □《そら》が □《と》べたら いいのになあ。

高《たか》い
最高《コウ》

海《うみ》
海《カイ》底

十二課 植物

8	10	12	14
松《まつ》	梅《うめ》	満《まん》	種《たね》

松	梅	満開	種
一 オ 木 朩 松	一 オ 木 杧 栴 梅 梅	氵 氵 泄 泄 湍 満	一 千 禾 禾 禾 稍 種 種
公園に 大きな 松の 木が ある。	二月に なると 梅が 咲く。	チューリップの 花が 満開だ。	ひまわりの 種を 植える。

芽《め》

8

芽

艹 艹 艹 芒 芽 芽

春に なると 新しい 芽が 出る。

散《ち》る

12

散る

艹 艹 昔 背 散 散

花が 散っている。

害《がい》

10

害虫

宀 宀 宀 宇 宝 害

葉っぱを 食べる 害虫。

観《かん》

18

観察

ノ ㇒ 二 午 乍 乍 雀 観

夏休みの 宿題は あさがおの 観察。

8	13	8
法《ほう》	照《て》る	牧《ぼく》

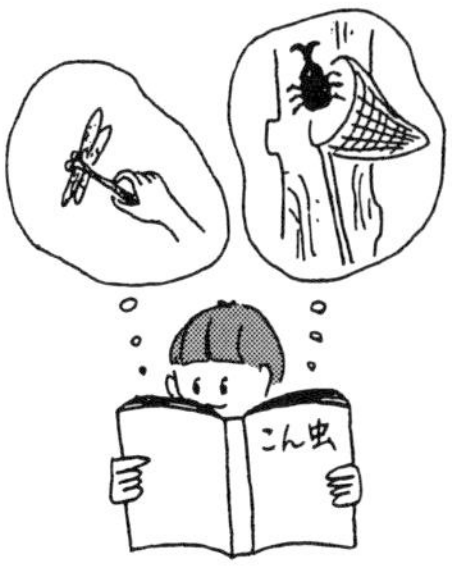

方法

氵 汢 法 法

こん虫さい集の 方法を 調べる。

照る

日 日刀 昭 照

日が よく照って、早く 芽が 出た。

牧場

ノ 𠂉 牛 牛 牜 牧

牧場に 牛が いる。

【書き練習】

1. 日本では　お正月に　□《まつ》を　かざります。
竹や　□《うめ》も　かざります。

2. □《こう》□《えん》の　さくらが、□《まん》□《かい》で　きれいでしたが、
きのう　□《かぜ》が　□《つよ》かったので　□《ち》ってしまいました。

3. トマトを　□《う》えたら、□《がい》□《ちゅう》が　ついたので　ころしました。

4. 本で　せみや　とんぼを　とる　□《ほう》□《ほう》を　読みました。

5. □《なつ》□《やす》みの　□《しゅく》□《だい》で　□《あさ》□《がお》の　□《かん》□《さつ》を
しました。

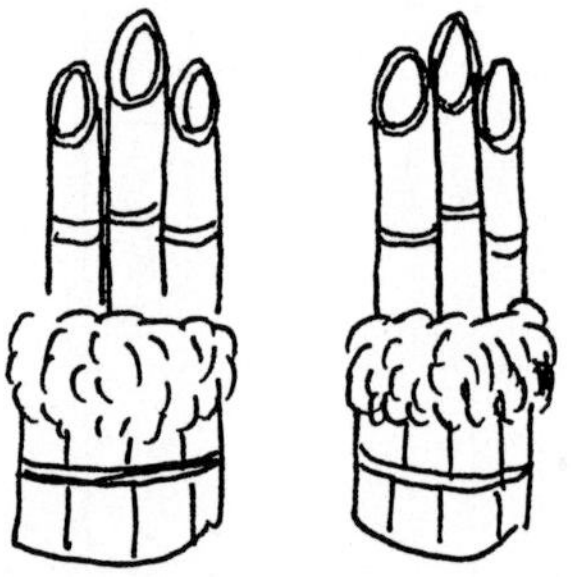

正《ただ》しい
正《ショウ》月

虫《むし》
害虫《チュウ》

顔《かお》
朝顔《がお》

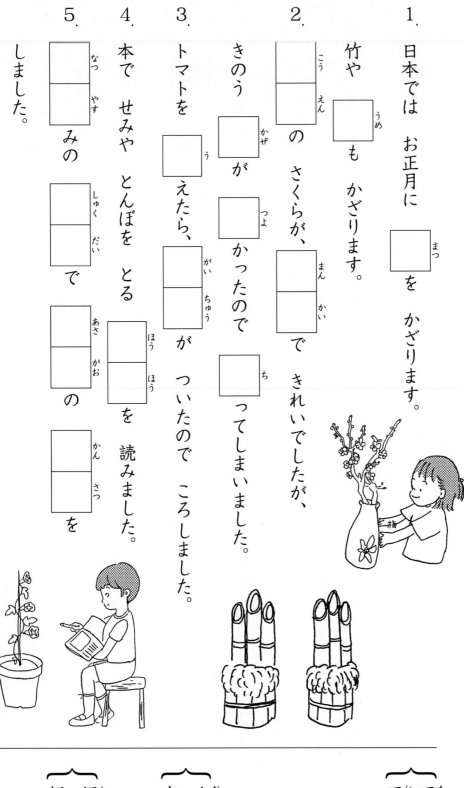

6. □《たね》を まいたら □《ちい》さい □《め》が 出ました。

7. 日が よく □《て》ったので きれいな 花が さきました。

8. 北海道には 大きい □《ぼく》□《じょう》が あります。

部首（へん）(10)
「へん」の 名前

木（きへん）

札 機

部首（にょう）
「にょう」の 名前

辶（しんにょう）

選 達

十三課　社会(一)

13	6	9	7
戦《せん》	争《そう》	軍《ぐん》	兵《へい》

戦　戦そう
⺍ 当 単 単 戦 戦
戦そうは ぜったい 反対だ。

争　戦争
ク 𠂊 刍 刍 争
戦争と 平和。

軍　軍人
冖 冖 冒 冒 軍
ナポレオンは 軍人でした。

兵　兵士
ノ 亻 斤 斤 丘 兵
これは 昔の 日本の 兵士の 服ですか。

13課

8	12	12	12
周《しゅう》	達《たつ》	博《はく》	隊《たい》
	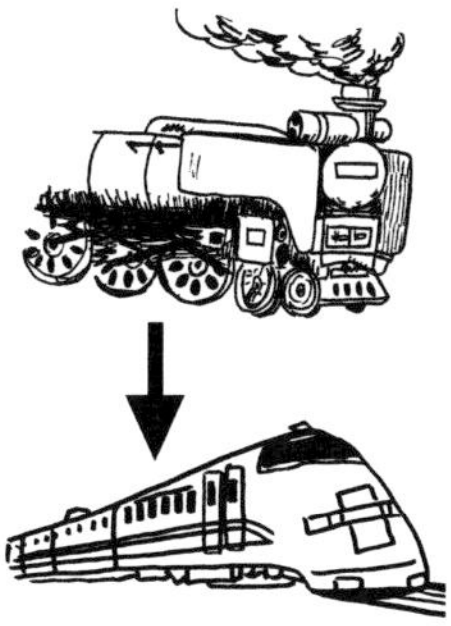		
一周	発達	博物館	兵隊
丿 冂 冂 円 周	一 十 土 去 圭 幸 達	一 十 ナ 恒 博 博 博 博	了 阝 阝 阝 阝 阝 隊 隊
グランドを 一周しよう。	交通が 発達して 便利に なった。	博物館には 古い 物が ある。	兵隊は 戦争に 行った。

13

極《きょく》

杧杧杧杤柯極極

南極

南極と 北極は どう ちがう？

11

陸《りく》

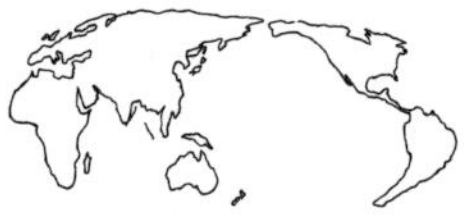

阝阝阝陆陸陸

大陸

アフリカ大陸は どこ。

20

議《ぎ》

言訁詳詳詳議

議会

国の 議会が 国会だ。

5

民《みん》

コ 尸 民 民

市民

市に 住んでいる 人は 市民という。

7	9
臣《じん》	城《しろ》

大臣	城
一 丨 厂 𠂆 戸 臣 臣 (stroke order)	一 十 土 圢 圻 坊 城 城 城
国会で 大臣が 答えている。	日本の 城は りっぱです。

【書き練習】

1. おじいさんが 子どもの とき、＿＿《せんそう》が ありました。
わかい ＿＿《へいたい》が おおぜい けがを したそうです。

2. おじいさんは ときどき □《ぐん》歌《か》を 歌います。

3. □□□《はくぶつかん》や 昔の お□《しろ》を 見て 歩きます。

4. コロンブスは □《むかし》、□□□□《せかいいっしゅう》しました。

5. 今は □□《こうつう》の □□《はったつ》で どこでも 行けるように なりました。

6. □□《せかい》には 五つの □□《たいりく》と 七つの □《うみ》が あります。

7. □□□□《こっかいぎいん》に □□《だいじん》が □□《せつめい》しました。

8. □□《ほっきょく》に 白クマが □《す》んでいます。

歌《うた》
軍歌《カ》

物《もの》
博物《ブツ》館

クイズ（九）　正しい　漢字を　選《えら》びましょう

例　協／競／共 ―― 争
（きょうそう）

1　校／功／公　園
（　　　　）

2　実／見／未　来
（　　　　）

3　会／回／階　社
（　　　　）

4　事／自／時　間
（　　　　）

5　小／賞／少　年
（　　　　）

6　急／給／究　食
（　　　　）

7　詩／紙／試　験
（　　　　）

8　以／位／意　味
（　　　　）

9　氏／市／四　名
（　　　　）

10　練　週／州／習
（　　　　）

11　学　気／期／季
（　　　　）

12　辞　天／点／典
（　　　　）

十四課 社会(二)

機	械	印	刷
16	11	6	8
機《き》	械《かい》	印《いん》	刷《さつ》

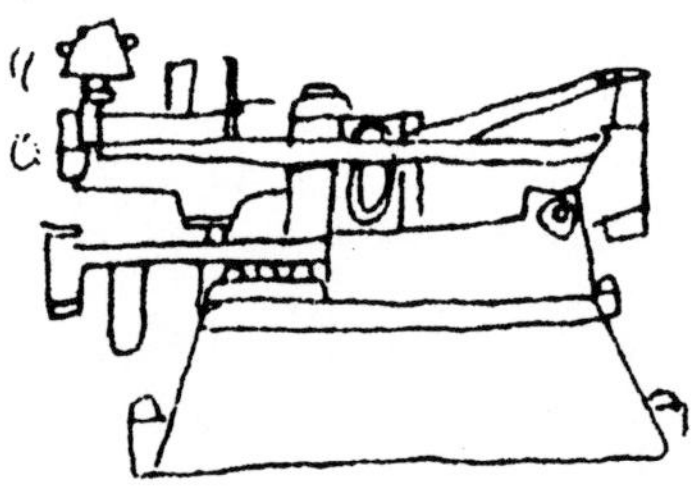

機かい

木 松 桦 桦 樾 樾 機 機

機械

木 朾 栢 械 械 械

印さつ

一 亻 F E E⁊ 印

印刷

コ 尸 吊 吊 刷 刷

この 機かいは 大きくて 重いです。

これは 何の 機械ですか。

印さつ機が ほしいです。

新しい 印刷機は いいですね。

11	12	6	9
貨《か》	街《がい》	共《きょう》	信《しん》
		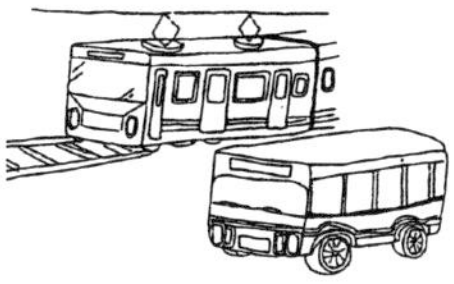	
亻 亻一 化 貨 貨	丿 彳 彳 彳十 往 佳 街 街	一 十 廾 共 共	亻 亻一 亻二 信 信
貨物	商店街	公共	通信
船で 貨物を 運んでいます。	母は 商店街で 買い物します。	電車や バスは 公共の 乗り物です。	通信が 発達しました。

18

類《るい》

米 类 类 类 類 類

種類

花は 種類が たくさん ある。

11

産《さん》

丶 亠 亠 立 产 产 产 产 产 産

産業

工業 農業 商業などは 産業だ。

14

漁《ぎょ》

氵 氵 渔 漁

漁業

お父さんは 漁業を している。

【書き練習】

1. □□《つうしん》が　□□《はったつ》し、世界の　友だちと　メールが　できるように　なりました。
2. みんなで使う　□□《こうきょう》の　□□□《いんさつき》は　□□《たいせつ》に　使いましょう。
3. 秋葉原《あきはばら》の　□□□《しょうてんがい》には　□《あたら》しい　パソコンや　デジカメが　たくさんあります。
4. □□《かもつ》列車《れっしゃ》で　大きい　□□《きかい》を　□《はこ》びます。
5. あなたの　国の　□《おも》な　□□《さんぎょう》は　□《なん》ですか。
6. 日本は　海に　かこまれているので、□□《ぎょぎょう》が　さかんです。
いろいろな　□□《しゅるい》の　□《さかな》が　とれます。

運《ウン》動　運《はこ》ぶ

種《たね》　種《シュ》類

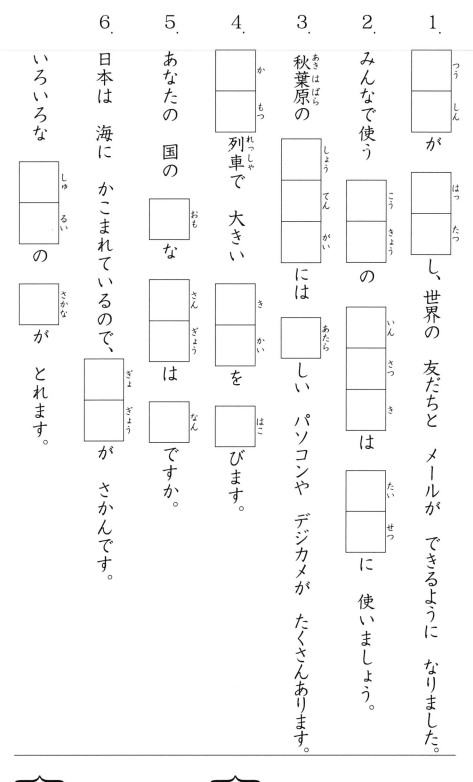

クイズ(十)

(例) 陸 ↔ 海
1. 健康 ↔
2. 成功 ↔
3. 出席 ↔
4. 入学 ↔
5. 以上 ↔

・そつぎょう	・~~うみ~~	・いか
・しっぱい	・けっせき	・びょうき

(例) 入る ↔ 出る
6. 会う ↔
7. 進む ↔
8. 貸す ↔
9. 泣く ↔
10. 始める ↔

・かりる	・わらう	・わかれる
・おわる	・とまる	・~~でる~~

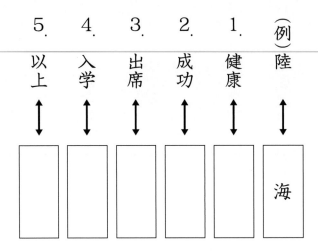

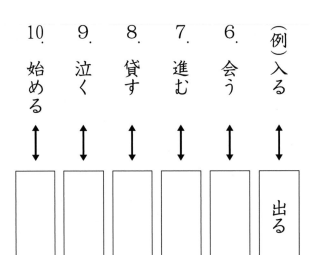

十五課　日本地図（都道府県）

画数	漢字	語	筆順
9	城	宮城県《みやぎけん》	土 圹 圻 坊 城 城 城
9	茨	茨城県《いばらきけん》	艹 艹 艹 艹 茨 茨
9	栃	栃木県《とちぎけん》	木 朩 杤 杤 杤 栃
13	群	群馬県《ぐんまけん》	フ ヨ 尹 君 君 群 群
11	埼	埼玉県《さいたまけん》	土 坎 埣 埼 埼
8	奈	神奈川県《かながわけん》、奈良県《ならけん》	大 太 李 奈
15	潟	新潟県《にいがたけん》	氵 氵 氵 氵 泊 泊 泊 泊 潟 潟

12	4	11
富	井	梨
富山県《とやまけん》	福井県《ふくいけん》	山梨県《やまなしけん》
宀 宀 宫 富	二 丰 井	丿 禾 利 梨

7	8
岐	阜
岐阜県《ぎふけん》	
山 山十 屺 岐	ノ ﾄ 户 户 自 皀 阜

8
岡
静岡県《しずおかけん》 岡山県《おかやまけん》 福岡県《ふくおかけん》
丨 冂 円 円 岡

8	7	12	12
府	阪	滋	賀
京都府《きょうとふ》	大阪府《おおさかふ》	滋賀県《しがけん》	
丶 亠 广 庁 庁 府 府	フ 了 阝 阝 阝 阪	氵 氵 氵 氵 泫 泫 滋	カ 加 賀 賀

7	9	12	14
佐	香	媛	徳
佐賀県《さがけん》	香川県《かがわけん》	愛媛県《えひめけん》	徳島県《とくしまけん》
ノ イ 仁 什 佐	一 禾 香	く 女 女 女 女 婬 婬 媛	ノ 彳 彳 彳 彳 彳 徳 徳

14

熊

熊本県《くまもとけん》

ム 育 䏍 能 能 熊

11

崎

長崎県《ながさきけん》

宮崎県《みやざきけん》

山 峅 峼 崎 崎

10

郡《ぐん》

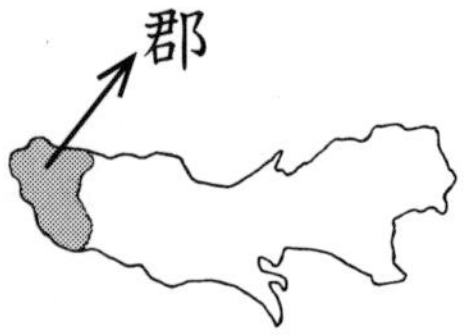

ヨ 尹 君 君3 郡

郡

郡の 中に 町や 村が ある。

11

鹿

鹿児島県《かごしまけん》

丶 亠 广 户 户 庐 庐 鹿 鹿

7

沖

沖縄県《おきなわけん》

氵 沪 沖

15

縄

幺 糸 紀 絹 縄

6

各《かく》

ノ ク 夂 各

各地

各地の 天気。

【書き練習】

1. □□□《おおさかふ》と □□□《きょうとふ》は となりどうしです。

2. □《ぐん》の 中に □《まち》や □《むら》が あります。

3. テレビで □□《かくち》の □□《てんき》よほうを 見ました。

※□の 中に 漢字を 書きましょう。

（わからなかったら、P.85～P.86の 日本地図を 見ても いいです。）

〈□《ほっ》□《かい》□《どう》地方〉

① □《ほっ》□《かい》□《どう》

〈東北地方〉

② □《あお》□《もり》県

③ □《いわ》□《て》県

④ □《みや》□《ぎ》県

⑤ □《あき》□《た》県

⑥ □《やま》□《がた》県

⑦ □《ふく》□《しま》県

〈関東地方〉

⑧ □《いばら》□《き》県

⑨ □《とち》□《ぎ》県

⑩ □《ぐん》□《ま》県

⑪ □《さい》□《たま》県

⑫ □《ち》□《ば》県

⑬ □《とう》□《きょう》□《と》

⑭ □《か》□《な》□《がわ》県

〈中部地方〉

⑮ □《にい》□《がた》県

⑯ □《と》□《やま》県

⑰ □《いし》□《かわ》県

⑱ □《ふく》□《い》県

⑲ □《やま》□《なし》県

⑳ □《なが》□《の》県

㉑ □《ぎ》□《ふ》県

㉒ □《しず》□《おか》県

㉓ □《あい》□《ち》県

〈近畿《さ》地方〉

㉔ □《み》□《え》県

㉕ □《し》□《が》県

㉖ □《きょう》□《と》□《ふ》

㉗ □《おお》□《さか》□《ふ》

㉘ □《ひょう》□《ご》県

㉙ □《な》□《ら》県

㉚ □《わ》□《か》□《やま》県

〈中国地方〉

㉛ □《とっ》□《とり》県

㉜ □《しま》□《ね》県

㉝ □《おか》□《やま》県

㉞ □《ひろ》□《しま》県

㉟ □《やま》□《ぐち》県

〈四国地方〉

㊱ □《か》□《がわ》県

㊲ □《とく》□《しま》県

㊳ □《え》□《ひめ》県

㊴ □《こう》□《ち》県

〈九州地方〉

㊵ □《ふく》□《おか》県

㊶ □《さ》□《が》県

㊷ □《なが》□《さき》県

㊸ □《くま》□《もと》県

㊹ □《おお》□《いた》県

㊺ □《みや》□《ざき》県

㊻ □《か》□《ご》□《しま》県

㊼ □《おき》□《なわ》県

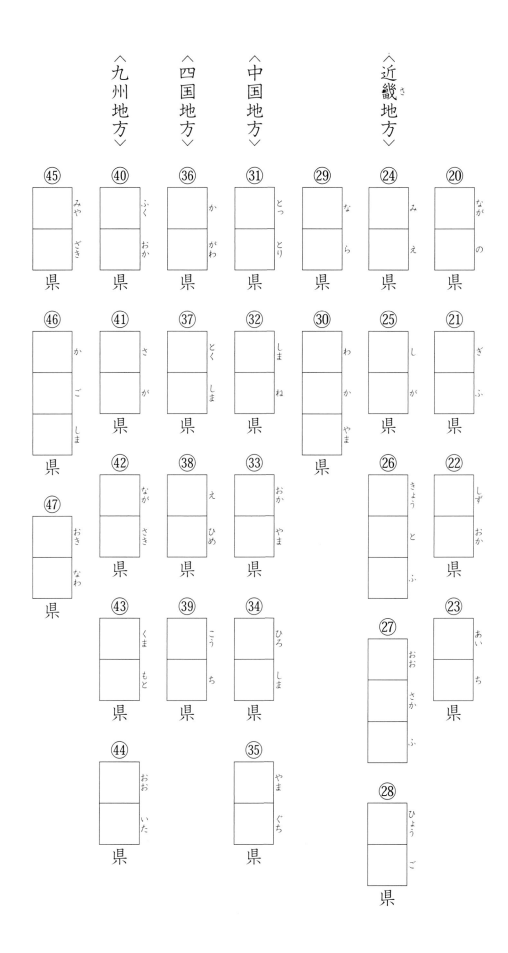

十六課《か》　ねずみの　よめいり

ある　ところに、ねずみの　ふうふが　住んで　いました。
そこに　かわいい　女の子が　生まれました。
「この　世《よ》で　一番　かわいい　子だ。」
「ほんとうに　そうですね。この子には、世界で一番
りっぱな　むこを　さがしましょう。」
ねずみの　ふうふは　いつも
「おなじ　ねずみとは　けっこんさせない。」
と　話していました。

むすめは　大きくなりました。
親ねずみは　おおぜいの　友だちと　話しました。
「ふうふで　世界一の　むこを　さがしに　行きます。世界で　一番　りっぱな　むこは　だれだろう。」
「それは　やっぱり　太陽でしょう。」
みんなが　言いました。それで　親ねずみは　太陽に会《あ》いに　行きました。
「太陽さん、あなたは　世界で　一番です。どうぞ　私の　かわいい　むすめと　けっこん　してください。」

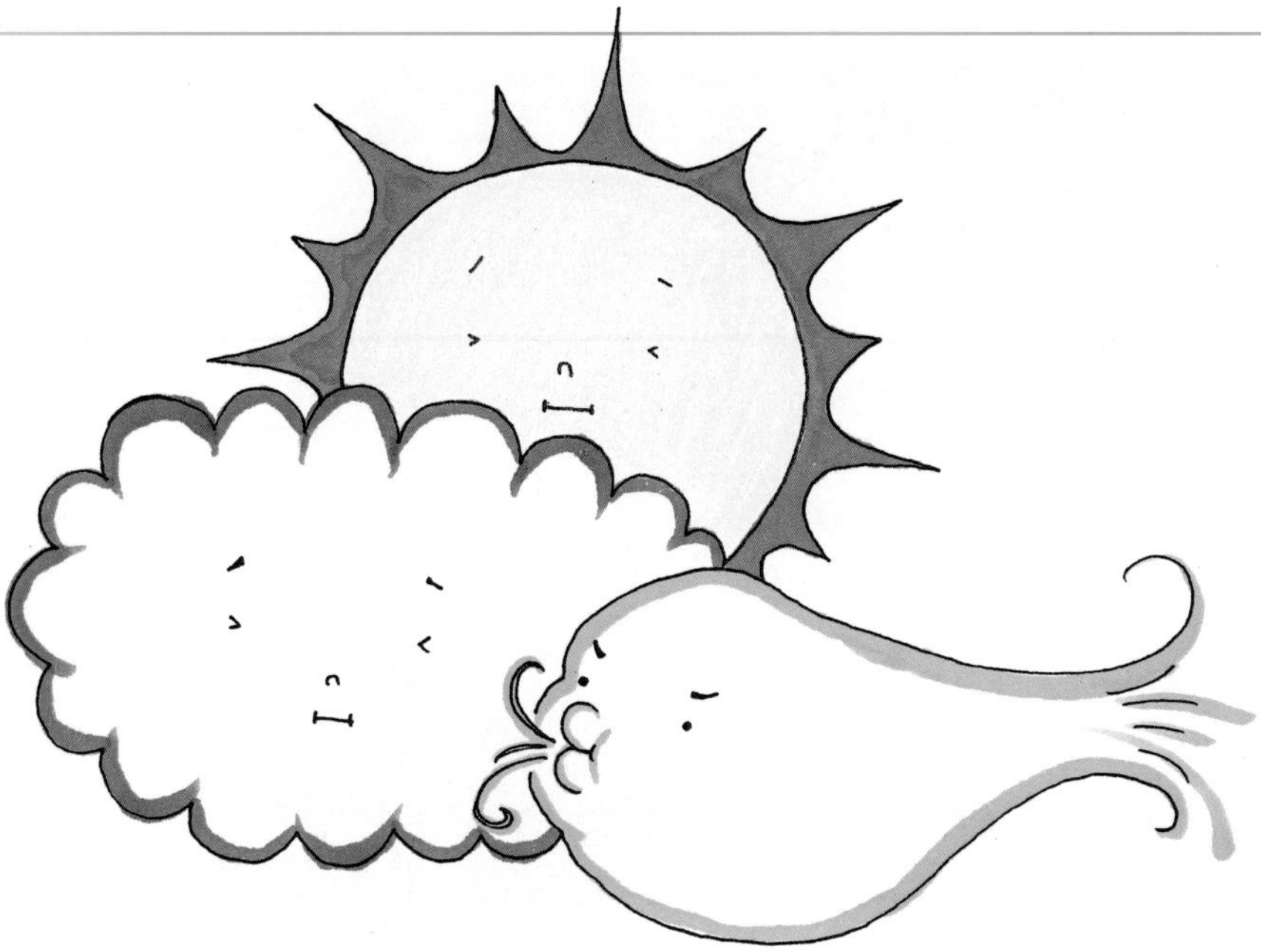

太陽は　答えました。

「ねずみさん、私より、雲さんが　一番です。雲さんが私の　前に　来ると　私の　光《ひかり》は　みんなに　とどきません。」

そこで、今度は　雲に　会《あ》いに　行きました。

「雲さん、雲さん、あなたは　世界で　一番です。どうぞ　私の　かわいい　むすめと　けっこんしてください。」

雲は　答えました。

「ねずみさん、私より、風さんが　一番です。風さんがぴゅっと　ふくと　すぐに　消《き》えてしまいます。風さんは　私より　りっぱで　強いです。」

そこで、今度は　風に　会《あ》いに　行きました。

「いえいえ、かべさんが　私より　もっと　りっぱで　強いです。　私が　いっしょうけんめい　ふいても　かべさんを　通《とお》ることが　できません。」

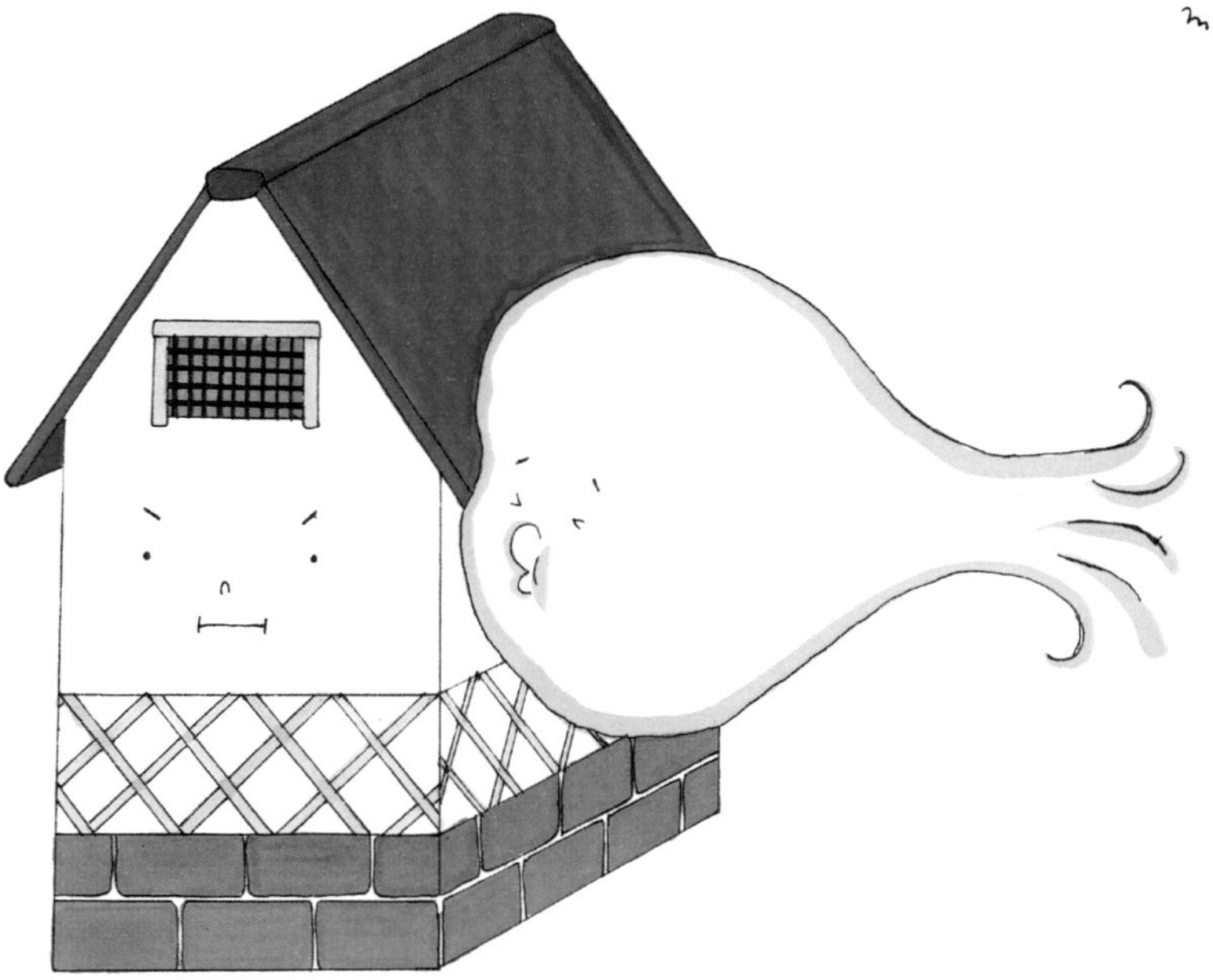

親ねずみは　かべに　会《あ》いに　行きました。

「かべさん、かべさん、あなたは　世界で　一番です。

どうぞ　私の　かわいい　むすめと　けっこんしてください」

「私より　ずっと　りっぱで　強い　ものが　います。」

と、かべは　言いました。

「だれですか。」

と　親ねずみは　聞きました。

「じょうぶな　歯を　持ち、どんな　かべでも　あなを
開けてしまうもの」

「それは、ねずみ……。」

と親ねずみ。

「そうです！　ねずみが　一番です。」

「そうか、そうですね。かべに　あなを　開けることは　かんたんですよ。」

親ねずみは　家に　帰りました。

「ああ、つかれた。おおぜいに　会《あ》って、いろいろ話したね。そして、ねずみが　一番　りっぱだと　わかった。ねずみが　世界一だ。」

しばらくして　むすめの　チュウ子は　大好きな　チュウスケと　けっこんしました。いつまでも　しあわせに　くらしました。めでたし　めでたし。

四年生の漢字《かんじ》 画数《かくすう》

画《かく》数《すう》	漢《かん》字《じ》
四画	井欠氏夫不
五画	以加必功札司失包付辺末未民令
六画	衣印各共好成争兆伝灯仲老
七画	位沖折改完希岐芸佐材阪児臣束冷努初低兵求良利労別
八画	英岡果官季協径固刷参周卒底的典奈泣治念府阜法牧松芽例
九画	浅茨祝栄香変軍昨城信省建単栃飛便約勇要
十画	浴案梅帯害借挙訓郡候差席倉徒特残孫料連笑
十一画	貨鹿械側健康菜埼崎産唱巣清梨敗票副望陸
十二画	覚賀街給極景結最滋順然隊達散富博飯媛満無焼量
十三画	愛置試辞塩節戦続照群働
十四画	管関熊漁察静種説徳旗
十五画	億課潟器選縄熱標養輪
十六画	機積録
十八画	類観験
十九画	鏡願
二十画	議競

いろいろな読み方

▒ はこの練習帳であつかった読み方です。カッコの中は送り仮名です。カタカナは音読みで、ひらがなは訓読みです。

【新出漢字】

四画

漢字	読み方	課	頁
井	い	15	86
欠	ケツ　か(く・ける)	7	36
氏	シ　うじ	2	7
夫	フウ　フ、おっと	8	41
不	フ　ブ	3	14

五画

漢字	読み方	課	頁
以	イ	10	56
加	カ　くわ(える・わる)	6	32
必	かなら(ず)　ヒツ	7	35
功	コウ	8	41
札	サツ　ふだ	3	13
司	シ	7	36
失	シツ　うしな(う)	8	41
包	つつ(む)　ホウ	1	2
付	フ　つ(ける・く)	2	8
辺	ヘン　あた(り)、べ	10	56
末	マツ　すえ	9	49
未	ミ	2	8
民	ミン　たみ	13	74
令	レイ	6	31

六画

漢字	読み方	課	頁
衣	イ　ころも	1	1
印	イン　しるし	14	80
各	カク	15	85
共	キョウ　とも	14	79
好	す(き)　コウ、この(む)	5	25
成	セイ　な(る)	8	41
争	ソウ　あらそ(う)	13	73

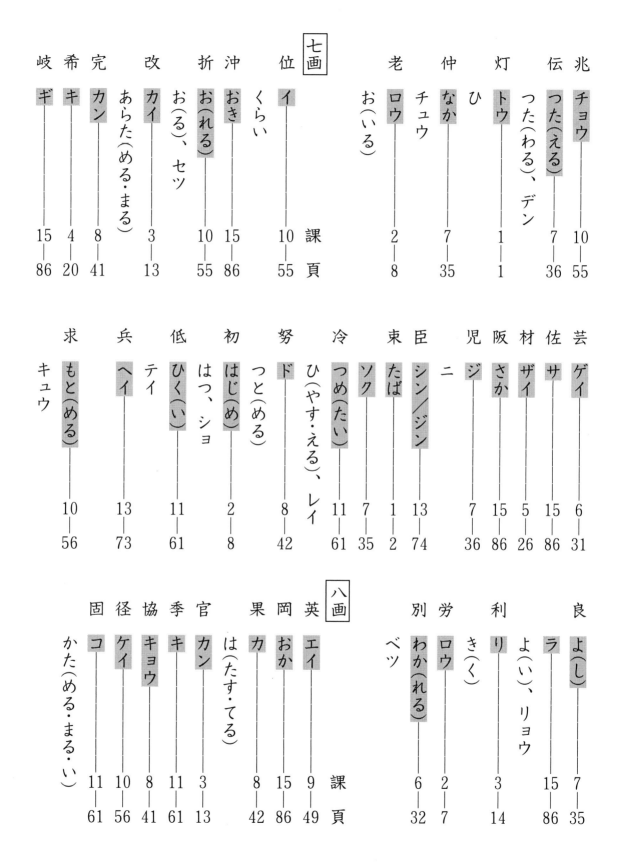

漢字	読み	課	頁
刷	**サツ** す(る)	14	80
参	**サン** まい(る)	6	32
周	**シュウ** まわ(り)	13	74
卒	**ソツ**	6	32
底	**テイ** そこ	11	61
的	**テキ** まと	8	42
典	**テン**	9	50
奈	**ナ**	15	85
泣	**な(く)** キュウ	4	19
治	**なお(る)** なお(す)、おさ(める・まる)、チ、ジ	5	26
念	**ネン**	6	31
府	**フ**	15	86
阜	**フ**	15	86
法	**ホウ**	12	67
牧	**ボク** まき	12	67
松	**まつ** ショウ	12	68
芽	**め** ガ	12	67
例	**レイ** たと(える)	9	49

九画

漢字	読み	課	頁
浅	**あさ(い)** セン	11	61
茨	**いばら**	15	85
祝	**いわ(う)** シュク、シュウ	6	32
栄	**エイ** さか(える)	5	25
香	**か** かお(り)、かお(る)	15	85
変	**か(わる)** か(える)、ヘン	11	62
軍	**グン**	13	73
昨	**サク**	1	2
城	**しろ**	13	73
	き／ぎ ジョウ	15	85
信	**シン**	14	79
省	**セイ** はぶ(く)、ショウ	8	42
建	**た(てる)** た(つ)、ケン	3	14
単	**タン**	10	55
栃	**とち**	15	85
飛	**と(ぶ)** と(ばす)、ヒ	11	62
便	**ベン** ビン、たよ(り)	3	14
約	**ヤク**	7	35
勇	**ユウ** いさ(ましい)	4	20

漢字	読み	課―頁
要	ヨウ	9―50
	い(る)	

十画

漢字	読み	課―頁
浴	あ(びる)	1―1
	ヨク	
案	アン	9―50
梅	うめ	12―68
	バイ	
帯	おび	1―1
	お(びる)、タイ	
害	ガイ	12―68
借	か(りる)	3―13
	か(す)、シャク	
挙	キョ	2―7
	あ(げる)	
訓	クン	9―49
郡	グン	15―85
候	コウ	11―61
差	サ	10―56
席	セキ	7―36
倉	ソウ	3―14
	くら	
徒	ト	7―36
特	トク	6―32
残	のこ(す)	5―25
	ザン	
孫	まご	2―8
	ソン	
料	リョウ	5―26
連	レン	7―36
	つら(ねる・なる)	
笑	わら(う)	4―19
	ショウ	

十一画

漢字	読み	課―頁
貨	カ	14―79
鹿	か	15―86
	しか	
械	カイ	14―79
側	かわ／がわ	3―13
	そば、ソク	
健	ケン	5―26
	すこ(やか)	
康	コウ	5―26
菜	サイ	5―26
	な	
埼	さい	15―85
埼	さき／ざき	15―86
産	サン	14―80
	う(む・まれる)	
唱	ショウ	6―32
	とな(える)	
巣	す	11―62
	ソウ	
清	セイ	9―49
	きよ(い)	
梨	なし	15―86
敗	ハイ／パイ	8―41
	やぶ(れる)	
票	ヒョウ	2―7
副	フク	7―36
望	ボウ	4―20

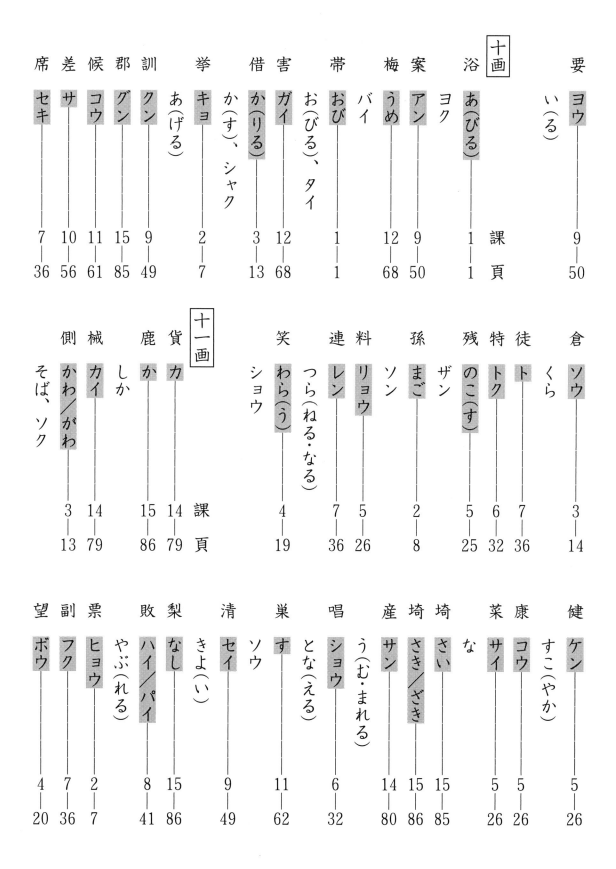

のぞ(む)

漢字	読み	課	頁	
陸	**リク**	13	74	

十二画

漢字	読み	課	頁	
覚	**おぼ(える)**	8	42	さ(める)、カク
賀	**ガ**	15	86	
街	**カイ／ガイ**	14	79	まち
給	**キュウ**	5	25	
極	**キョク**	13	74	ゴク、きわ(める)
景	**ケイ／ケ**	11	62	
結	**ケツ／ケッ**	8	42	むす(ぶ)、ゆ(う)
最	**サイ**	11	62	もっと(も)
滋	**し**	15	86	
順	**ジュン**	6	31	
然	**ゼン**	11	62	ネン
隊	**タイ**	13	73	
達	**タツ**	13	73	タチ、ダチ
散	**ち(る)**	12	68	サン
富	**と(む)**、とみ	15	86	フ
博	**ハク**	13	73	
飯	**ハン**	5	26	めし
媛	**ひめ**	15	85	エン
満	**マン**	12	68	み(たす・ちる)
無	**ム**	8	42	ブ、な(い)
焼	**や(く)**	5	26	ショウ
量	**リョウ**	10	55	はか(る)

十三画

漢字	読み	課	頁	
愛	**アイ**	4	19	
	え	15	85	
置	**お(く)**	1	2	チ
試	**シ**	9	50	こころ(みる)
辞	**ジ**	9	50	や(める)
塩	**しお**	5	26	エン
節	**セツ**	11	61	ふし
戦	**セン**	13	73	いくさ、たたか(う)
続	**つづ(ける)**	8	42	つづ(く)、ゾク
照	**て(る)**	12	67	て(らす)、ショウ

【読み替え漢字】

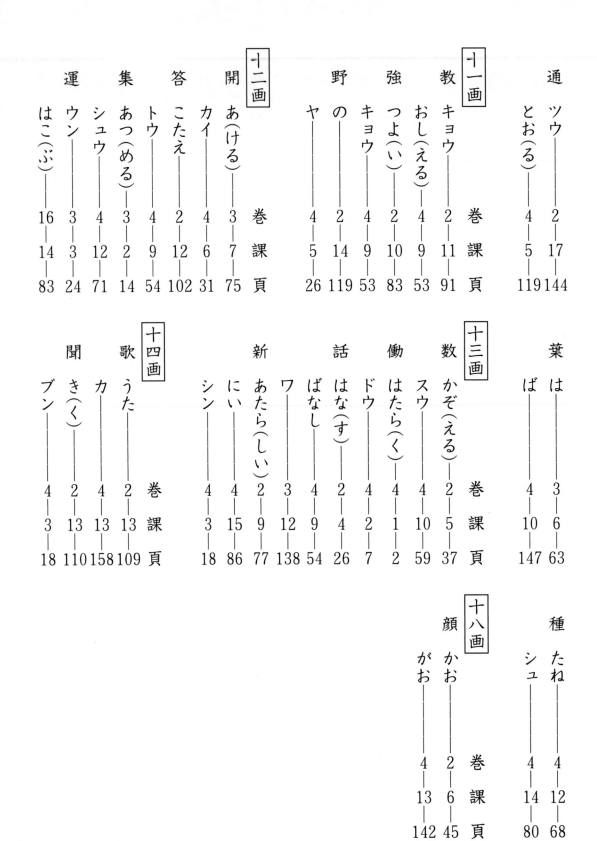

四年生の漢字

～学習者の習熟度の確認にお使いください。

1. 改札口 2. 大きい 機械 3. 老人と 孫 4. 高い 熱 5. 魚の 群れ 6. 特べつな 日

7. 希望と 勇気 8. 成功と 失敗 9. 生徒の 氏名 10. お別れの 卒業式 11. 音読みと 訓読み

12. 英語の 辞典 13. 四つの 季節 14. 松と 梅 15. 軍人と 兵隊 16. 試験の 答案

17. 一兆二千億以上 18. 円の 直径 19. 戦争の ニュース 20. 静かな 博物館 21. 国会議員

22. 各地の 最高気温 23. 道徳の 時間 24. 市民の 牧場 25. 会長と 副会長 26. 浅い川

27. 栄養のある 野菜 28. 目標と 目的 29. 暗い 海底 30. 明るい 未来 31. 公共の 場所

32. ざっしの 付録 33. 不便な ところ 34. 望遠鏡で 見た 景色 35. やさしい けい察官

36. 選挙の 票 37. 花束を 買う。 38. シャワーを 浴びる。 39. お城を 見学した。 40. 給食を 残す。

41. 倉庫が 建った。 42. 開校記念日を 祝う。 43. 道の 向こう側 44. 必ず 連らくする。

45. 材料に 塩を ふる。 46. しょうゆを つけて 焼く。 47. けい光灯を 消す。 48. 自然を 愛する。

49. 努力を 続ける。 50. 一輪車が 好きだ。 51. 順番に 号令を かける。 52. テストの 結果を 見て 反省した。

53. 無理な 競そうは やめよう。 54. 国会で 大臣が 説明した。 55. 清書したら完成だ。　56. 文末に　気をつけて。　57. さくらが　満開だ。　58. 種が　飛ぶ。　59. 新芽を　観察する。
60. 害虫を　ころす　方法。　61. さくらが　散る。　62. おじさんは　京都府、中郡に　住んでいる。
63. 協力すると　約束した。　64. 学芸会で　合唱した。　65. 要点を　覚える。　66. 例のように　書く。
67. 角度の　差を　分度器で　はかる。　68. 帯のように　長い川。　69. 司会が　欠席した。　70. 氷は
冷たい　固体だ。　71. いろいろな　種類の　貨物を　積んだ　トラック　72. ちらしを　印刷する。
73. 借りたら　返そう。　74. 仲良しの　友だち　75. 血管に　注しゃを　した。　76. 三角形の　辺は
三つ。　77. 空の　色が　変わった。　78. 工夫して　いろいろな　国の　旗を　かざった。　79. 商店街で
衣服を　買った。　80. 泣いたり　笑ったりしている。　81. 放課後、児童館へ　行く。　82. 折れ線グラフに
単位を　書く。　83. 南極大陸へ　行く　旅行に　参加する。　84. これから　通信産業が　もっと　発達する
だろう。　85. 兄は　漁業に　関心が　ある。　86. 紙に　包んで、そこに　置いて。　87. 気候が　良くて、
便利な　ところに　住みたい。　88. 昨夜の　雨の　量を　求めなさい。　89. 低い　ところに　鳥の巣が
あった。　90. 日が　照って、気持ちが　いい。　91. 労働って　働くことだ。　92. お母さんの病気が　早く
治るように　星に　お願いした。　93. 父に、「健康に　注意して」と　伝えてください。　94. いつか
世界一周旅行を　したいと　思っている。　95. 初めて　たきこみご飯を　食べた。

答え

クイズ(一)　12ページ

住所　返事　投票
荷物　選挙　温度

クイズ(二)　24ページ

(一)—(イ)　(三)—(エ)　(五)—(ウ)
(二)—(ア)　(四)—(オ)

クイズ(三)　30ページ

1—④　5—②
2—⑤　6—⑧
3—①　7—⑥
4—⑦　8—③

クイズ(四)　60ページ

1—②　5—⑧
2—⑨　6—⑤
3—⑦　7—左から①、⑩、⑪
4—⑥　8—上から④、③

クイズ(五)　84ページ

1—③（ざいりょう）
2—①（きょうりょく）
3—④（かもく）
4—②（きぼう）
5—⑥（みらい）
6—⑤（ろうじん）
7—⑨（せつめい）
8—⑦（けっかん）
9—⑩（くふう）
10—⑪（いか）
11—⑧（とうひょう）
12—⑫（しめい）

クイズ(六)　98ページ

1. 読む
2. 苦い
3. 植える
4. 持つ
5. 浴びる
6. 安い
7. 終わる
8. 黒い
9. 暗い
10. 働く

クイズ(七)　114ページ

1. 給食**を**残す
2. 荷物**を**積む
3. 本**を**借りる
4. 病気**が**治る
5. 紙**で**包む
6. 水**を**浴びる
7. 家**を**建てる
8. 兄弟**を**愛する
9. 野菜**を**食べる
10. 会社**で**働く

クイズ(八) 137ページ

Ⅰ

1. 順番→番地→地図→図書館
2. 材料→料理→理科→科目
3. 未来→来年→年号→号令

Ⅱ

1. 合唱
2. 大切
3. 説明
4. 火事
5. 労働
6. 電話
7. 新聞
8. 給食
9. けい光灯

クイズ(九) 160ページ

1 校・功・公 ― 園 公園 (こうえん)

2 実・見・未 ― 来 未来 (みらい)

3 会・回・階 ― 社 会社 (かいしゃ)

4 事・自・時 ― 間 時間 (じかん)

5 小・賞・少 ― 年 少年 (しょうねん)

6 急・給・究 ― 食 給食 (きゅうしょく)

7 詩・紙・試 ― 験 試験 (しけん)

8 以・位・意 ― 味 意味 (いみ)

9 氏・市・四 ― 名 氏名 (しめい)

10 練 ― 週・州・習 練習 (れんしゅう)

11 学 ― 気・期・季 学期 (がっき)

12 辞 ― 天・点・典 辞典 (じてん)

クイズ(十) 165ページ

1. 健康 ↔ 病気
2. 成功 ↔ 失敗
3. 出席 ↔ 欠席
4. 入学 ↔ 卒業
5. 以上 ↔ 以下
6. 会う ↔ 別れる
7. 進む ↔ 止まる
8. 貸す ↔ 借りる
9. 泣く ↔ 笑う
10. 始める ↔ 終わる

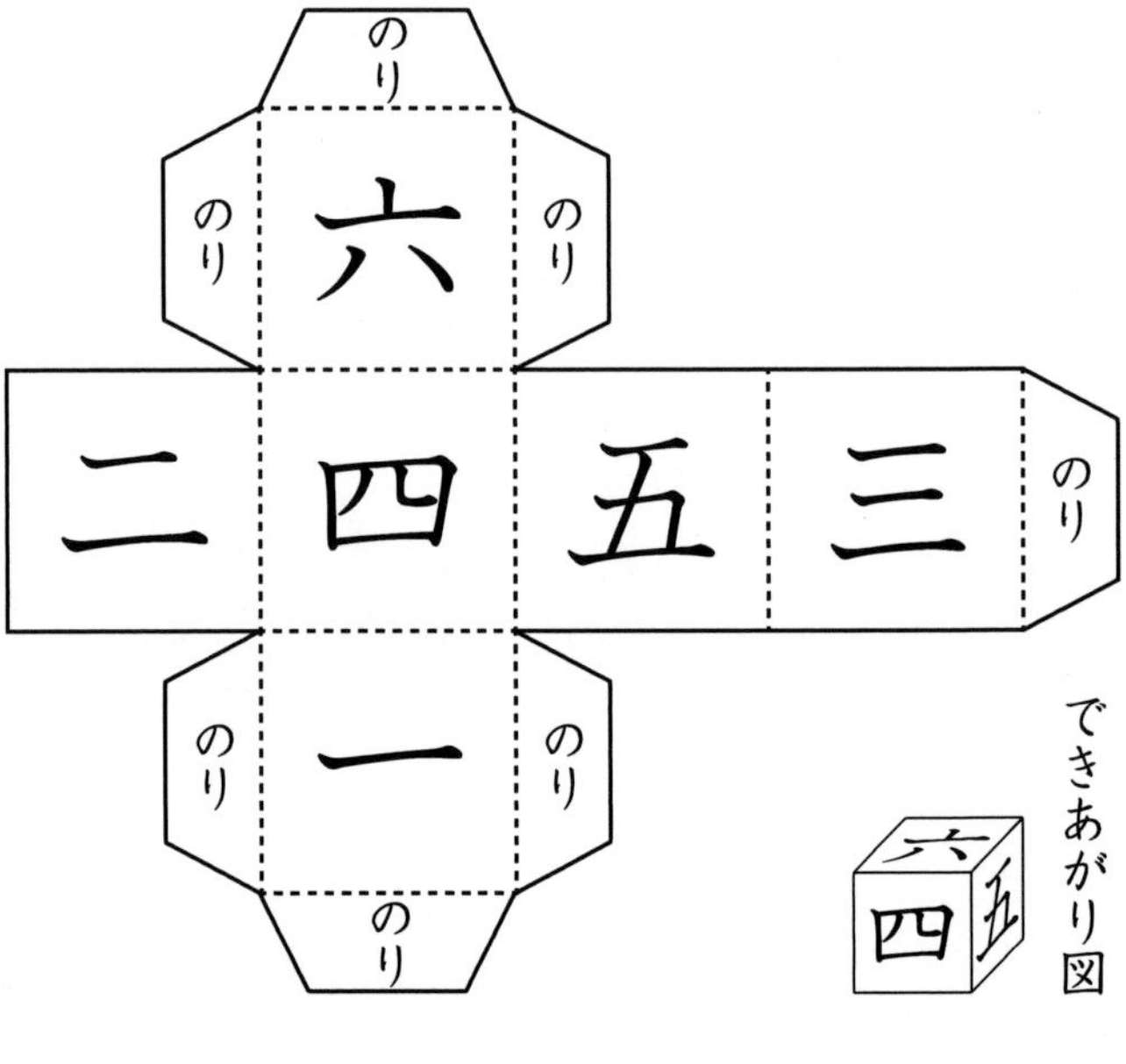

できあがり図

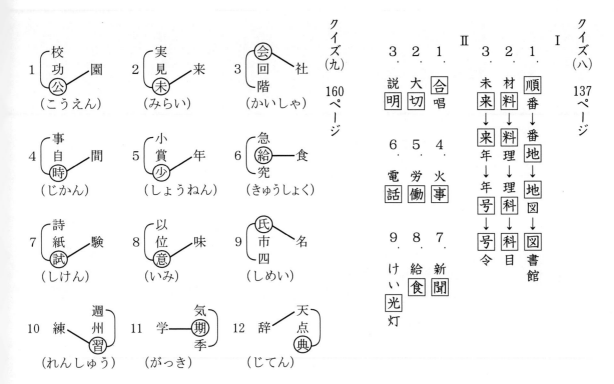

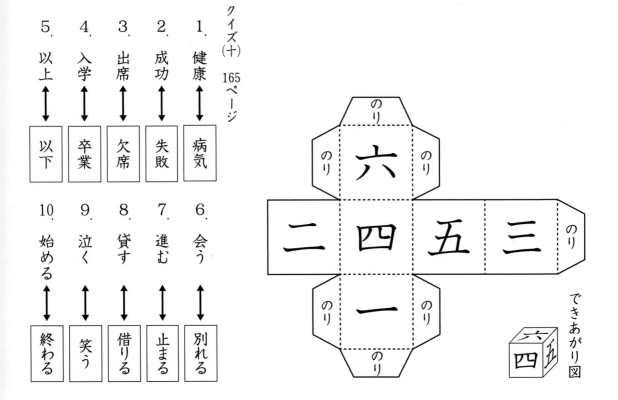

たすけて！
まなみちゃんを
友だちの ところまで
つれて行こう！
スタート
きぼう
ゆうき
しぜん
けっか
えいよう
きゅうしょく
もどる
勇気
一つもどる
給食
やくそく
希望
一回休む
自然
結果
はんせい
すき
ようてん
約束
二回休む
やさい
栄養
一つ進む
反省
好き
要点
ざいりょう
もどる
材料
一回休む
野菜
一つもどる
もうすぐ
まなみちゃん
ゴール
Time Machine
よかったね！
気をつけろ！
おいしい！
ウァー！
近道はこっち！

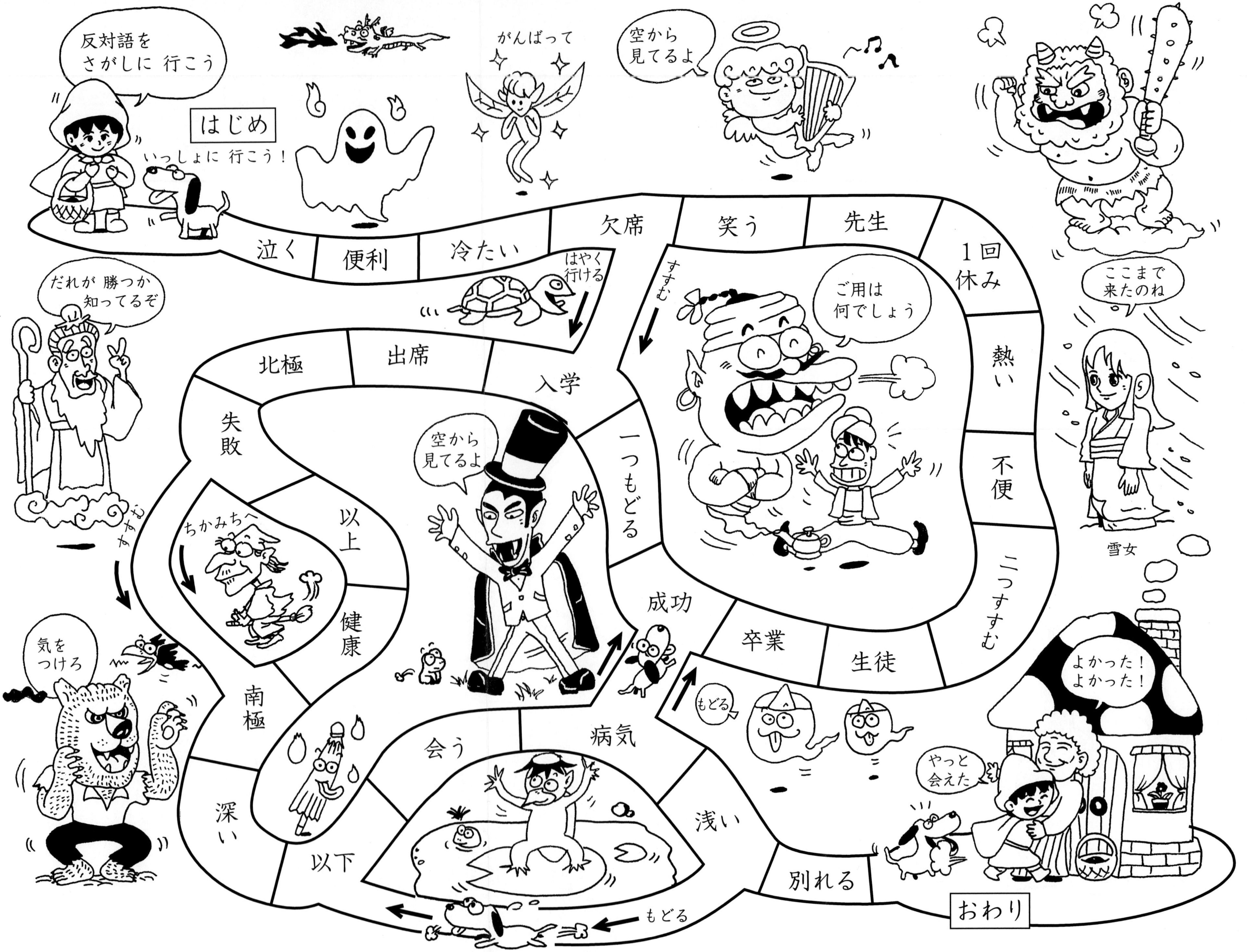

反対語を
さがしに 行こう
はじめ
いっしょに 行こう！
がんばって
空から
見てるよ
泣く
便利
冷たい
欠席
笑う
先生
1回
休み
はやく
行ける
すすむ
ご用は
何でしょう
だれが 勝つか
知ってるぞ
ここまで
来たのね
北極
出席
入学
熱い
失敗
一つもどる
空から
見てるよ
不便
ちかみちへ
以上
すすむ
雪女
二つすすむ
健康
成功
卒業
生徒
気を
つけろ
南極
もどる
よかった！
よかった！
会う
病気
やっと
会えた
深い
浅い
以下
別れる
もどる
おわり

一年生から三年生までの
配当漢字
〜学習者の習熟度の確認にお使いください〜

一年生のかん字

1. お日さま　2. 上と 下　3. 右と 左　4. 山と 川　5. 森と 林　6. 村と 町

7. 土と 石　8. 竹と 花　9. 田んぼの 草　10. 小さい 手　11. 大きい 足

12. むずかしい 文　13. 正しい かん字　14. いい 天気　15. きれいな 貝　16. 口と 目と 耳

17. 赤と 青と 白の 糸　18. ぼくは 一年生　19. この 犬の 名前は なに?

20. 十円玉と 五十円玉と 百円玉の お金　21. 虫が 三びき、かえるが 九ひき います

22. この 本は 二千円です　23. 六じです 早く おきます　24. 空に 月が 出ました

25. 王さまは 力が あります　26. 車の 中に 入りましょう　27. 夕がた から 雨が ふっています

28. 学校に さくらの 木が 四本 あります　29. 先生、これを 見てください

30. 水を かけて、火を けしました　31. 男の 子が 七にんと、女の 人が 八にん 立っています

32. 土よう日と 日よう日は 休みです　33. 火よう日と 木よう日に たいいくが あります

34. さんすうは 月よう日と 水よう日と 金よう日に あります

二年生のかん字

1. 国語
2. 算数
3. 理科
4. 音楽
5. 図工
6. 二年三組
7. 昼休み
8. そうじ当番
9. 交通あんぜん
10. 点と線
11. 米と麦
12. 弓と矢
13. 四角と三角
14. 午前と午後
15. 里の秋
16. 西の空
17. 北の山
18. 谷の水
19. 馬の親子
20. 鳥の羽
21. 町の広場
22. 山のお寺
23. 学校の門
24. はこの内がわ
25. 父の会社
26. 同じ形
27. 晴れた空
28. 車の後ろ
29. 店の前の道
30. そうじ用のバケツ
31. 黒いねこ
32. さむい冬
33. 丸い月
34. 大きい岩
35. 小さい池
36. 太いぼう
37. 細い足
38. 弱いチーム
39. 大きい体
40. 新しいかばん
41. やわらかい毛
42. 白い雲
43. 広い海
44. 黄色い花
45. たのしい夏休み
46. 古い家
47. 知らない町
48. 強い風
49. きれいな声
50. やさしい兄と姉
51. 元気な弟と妹
52. ぜんぶで五万円
53. 母はせが高い
54. わたしは八才です
55. 日本は人が多い
56. この町は

子どもが 少ない
57. ぼくは サンパウロ市から 来た
58. きりんの 首は 長い
59. 春が 来る
60. 雪が ふる
61. 鳥が 鳴く
62. 星が 光る
63. 目が 回る
64. ボールが 足に 当たる
65. 牛が 草を たべる
66. 毎週 テストが ある
67. 心ぞうが ドキドキする
68. 東の 空が 明るい
69. テレビが 三台 ある
70. 山が 遠くに 見える
71. 計算の 答えが 合っている
72. お茶を のむ
73. 本を 読む
74. 魚を 買う
75. 地図を 見る
76. 戸を あける
77. いすを 数える
78. まん画を かりる
79. 歌を 聞く
80. 電気を つける
81. 頭と 顔を あらう
82. 南の 方を さす
83. 紙に 絵を かく
84. 教室で 生活の べんきょうを する
85. 一週間に 二かい 肉を たべる
86. 汽車に のる
87. 外に 出る
88. 東京タワーに のぼる
89. 船で 行く
90. 刀で 切る
91. きれいな 字で 日記を 書く
92. よく 考える
93. 友だちと 話す
94. いっしょに 帰ろう
95. 自てん車で 公園へ 行く
96. 日曜日も 朝 六時半に おきる
97. 夜 八時三十分に ねる
98. 近くの 野原で あそぶ
99. 走ったり 歩いたりする
100. ゆっくり 言ってください
101. これは 何だと 思う?
102. どこで くすりを 売っていますか?

三年生のかん字

1. きゅうしょく係　2. 「きりつ」、「礼」　3. ゆうびん局　4. 銀の　スプーン　5. くだものの　皮　6. あつい　お湯　7. かわいい　羊　8. 短い　えんぴつ　9. 暗い　部屋《へ》　10. 美しい　きもの　11. きれいな　お皿　12. しずかな　波　13. いろいろな　豆　14. そうじ道具

15. とう番表　16. 福引《び》き　17. 反対ことば　18. 田んぼと　畑　19. 緑の　葉　20. 南の　島　21. 川の　岸　22. 手の　指　23. 庭の　石　24. デパートの　一階　25. 道の　両がわ

26. ことばの　意味　27. 夏休みの　予定　28. 白い　歯　29. 太い　柱　30. 安い　お面　31. 速い　車　32. 大きい　湖　33. 新しい　命　34. 赤い　実　35. 深い　海　36. 高い　鼻

37. 幸せな　人　38. 有名な　山　39. 王様の　役　40. 次の　番号　41. 昔の　日本　42. 三丁目の　家　43. 朝の　放送　44. 長い　文章　45. 平行な　線　46. 研究発表

47. 五人家族　48. 身長と　体重　49. 本州と　九州　50. 暑い　国と　寒い　国　51. 太陽と　地球　52. 第五十回の　そつ業式　53. 病院の　医者　54. 体育館の　そう庫　55. 公園の

中央 56. 練習帳の 問題 57. 去年 できた 橋 58. 二等へん 三角形と その他の 三角形
59. 勝ったチームと 負けたチーム 60. 全部で いくつ 61. 一分は 六十秒 62. たては
横の 二倍 63. 学校に おくれた 理由 64. 直角は 90度です 65. 入学式は いつですか
66. りんごが 落ちる 67. 根が のびる 68. ボールを 追う 69. セーターを 着る
70. ピアノを 習う 71. バスを 待つ 72. プリントを 配る 73. 息を すう
74. ボールを 受ける 75. 決まりを 守る 76. 箱を 作る 77. 詩を 読む 78. 花を
育てる 79. 木を 植える 80. お金を 拾う 81. 温度を はかる 82. 頭を 打つ
83. 体を 曲げる 84. 返事を もらう 85. 歯ブラシを 使う 86. 子どもを 助ける
87. お酒を 飲む 88. フライパンに 油を 入れる 89. 筆で 書く 90. じしょで 調べる
91. 炭で 肉を やく 92. 向こうの プールで 泳ごう 93. みんなで 相談する 94. 祭りで
笛をふく 95. 友だちと 遊ぶ 96. この 薬は 苦い 97. お化けが 出た 98. 氷が
とけて 流れる 99. ボールを 取って、投げる 100. お宮は 神社の ことです 101. 坂道を
登る 102. 洋服を 買う 103. 黒板を 消す 104. 二列で 進む 105. 宿題を 集める
106. 後ろの たなを 整理する 107. 童話を 読む 108. 感想を いう 109. 港に 船が

着く　110. 六時に　起きる　111. プール教室に　申しこむ　112. 勉強を　始める　113. 鉄ぼうで
前回りを　する　114. 時間が　ない、急いで　115. 鳥が　死んで、悲しい　116. 運動会で　走る
117. 一学期が　終わる　118. 写真代を　集める　119. 春休みに　旅行する　120. 先生に
注意される　121. 軽い　荷物を　持つ　122. 駅で　電車に　乗る　123. 東京都　北区
124. 学級委員の　山田君　125. 車を　運転　して　道路を　走る　127. 青森県は　本州の　一番
北に　あります

あとがき

本書『かんじ　だいすき』シリーズの執筆者である私達は、アジア福祉教育財団難民事業本部大和定住促進センターでカンボジア、ラオス、ベトナム三国の難民の子どもたちに日本語指導をしていた教師です。

私達は、インドシナ難民の子どもたちの日本語学習意欲を引き出し、漢字能力を効果的に高めるために培ったノウハウを使って、漢字を学ぶ世界中の子どもたちのために『かんじ　だいすき』シリーズを開発してきました。

日本の各地で、また世界の各地で日本語を学ぶ子どもたちが、一人でも多く漢字が大好きになり、日本語が大好きになり、日本が大好きになってくれることを願っております。

作成にあたりまして、永井峰男氏のご協力に感謝いたします。

執筆者一同

執筆: 関口明子(主任)　金早苗　高石久美子　蓼沼のり子
調所三恵子　中山以絵　水野晴美
表紙・イラスト　金裕美
イラスト　中山以絵　水野晴美　兪元善
イラスト協力　金秀美　桑山理子
協力:永井峰男

改訂版　新しい学習指導要領対応
かんじ　だいすき（四）
～日本語をまなぶ世界の子どものために～

2020年 4 月 30 日　初版発行
2020年 8 月 11 日　第 2 版発行
2021年 11 月 5 日　第 3 版発行
著　作　公益社団法人　国際日本語普及協会
発　行　公益社団法人　国際日本語普及協会
〒105-0001　東京都港区虎ノ門 3－25－2
虎ノ門 ES ビル 2 階
電話 03－3459－9620（代）
FAX 03－3459－9660
E-mail:info@ajalt.org
http://www.ajalt.org
印　刷　株式会社　プリコ
〒134-0086　東京都江戸川区臨海町3－6－4
ヒューリック葛西臨海ビル 6 階